Alfred Price
Bildbuch der deutschen Luftwaffe
1933–1945

Alfred Price

Bildbuch der deutschen 1933–1945 Luftwaffe

Stalling

Aus dem Englischen übersetzt von
Karl-Friedrich Merten

© 1969 Ian Allan
Deutschsprachige Ausgabe © 1975 Verlag Gerhard Stalling AG,
Oldenburg und Hamburg
Schutzumschlag: Klaus Beilstein, Oldenburg
Gesamtherstellung: Clausen & Bosse, Leck

Printed in Germany · ISBN 3-7979-1345-1

Vorwort

Obwohl eine kaum überschaubare Anzahl von Dokumenten, Augen-
zeugenberichten, Fotos und Filmen über die Ereignisse während des
Zweiten Weltkriegs Auskunft geben, stößt man auf die eigentümliche
Tatsache, daß auch noch mehr als ein Vierteljahrhundert nach Ende
dieses verheerenden Krieges viele Ereignisse ungenau dargestellt werden oder sogar überhaupt unklar geblieben sind. So wiederholen manche Bücher und Veröffentlichungen auch heute noch die gleichen Pro-
paganda-Fantasien, die in der Kriegszeit auf beiden Seiten für eine
nachrichtenhungrige Öffentlichkeit fabriziert wurden.

Ein treffendes Beispiel hierfür ist ein Ereignis, das beharrlich falsch
wiedergegeben wird: das Bombardement von Rotterdam durch die
deutsche Luftwaffe im Mai 1940. Dieser Angriff wird von Historikern,
so auch von Churchill in ›The Second World War‹, als ein brutales
Massaker an Tausenden von Holländern dargestellt. Tatsächlich wurden 900 Menschen getötet – genau 900 zu viel. Um die Holländer zur
Kapitulation zu bewegen, hatte man angedroht, ein eng umgrenztes
Teilgebiet zu bombardieren, wenn sie der Aufforderung, sich zu ergeben, nicht nachkommen würden. Als sich nach langem Warten die
deutschen Bomberverbände bereits im Anflug auf dieses Zielgebiet
befanden, kam doch noch eine Antwort, die zwar nicht eindeutig der
Aufforderung nach einer Kapitulation entsprach, die Deutschen aber
doch veranlaßte, fast 50 % der angreifenden Bomberflotte von diesem
Gebiet abzulenken. Sonderbarerweise wird das Bombardement von
Belgrad, das, verglichen mit dem Angriff auf Rotterdam, viel eher als
Greueltat bezeichnet werden kann, nur ganz selten erwähnt.

Seit eh und je werden Erfolge oder Mißerfolge kriegführender Staa-
ten so aufbereitet, daß sie für die Propaganda nützlich sind. Bedauerli-

cherweise gibt es auch heute noch Schriftsteller, die schon den Gedanken zurückweisen, daß 35 Piloten der deutschen Luftwaffe jeder für sich 150 Luftsiege oder auch mehr während des Zweiten Weltkriegs errungen haben könnten. Dies mag deshalb so sein, weil der beste anglo-amerikanische Pilot nur 41 Luftsiege erzielen konnte. Macht man sich die Mühe, die inzwischen aufgefundenen Dokumente zu überprüfen, dann hat man keinerlei Zweifel mehr an der Genauigkeit der Angaben in den deutschen Berichten.

Die Gefahr, bestimmte Ereignisse ungenau darzustellen, ist sicherlich groß. Sie läßt sich aber abwenden, wenn man sich auf die Ergebnisse der Forschung zurückzieht. Auf solchen historisch gesicherten Fakten baut Alfred Price das vorliegende Buch auf. Price, selbst ein aktiver Flieger, ist Experte in allen Fragen der Luftwaffe, der auch in Deutschland von Piloten und Technikern der ehemaligen Luftwaffe geschätzt wird.

Es ist Alfred Price hervorragend gelungen, die Geschichte der deutschen Luftwaffe darzustellen. Sein Bericht wird ausgezeichnet ergänzt durch die über 200 sorgfältig ausgewählten Fotos, von denen ein großer Teil bisher unveröffentlicht in Archiven lagerte. Dieser Überblick über die Geschichte der deutschen Luftwaffe möge zu einer objektiven Betrachtung der historischen Ereignisse beitragen.

Len Deighton

6

Inhalt

Vorwort 5

Einleitung 8

Die Vorbereitung 10

Der Angriff 19

Die Wende 45

Das Ende 57

Anhang 73

Bildteil 77

Einleitung

Unabhängig vom politischen Standort des jeweiligen Betrachters muß man zugestehen, daß Hitlers Luftwaffe ein höchst interessantes Phänomen war. Sie entstand innerhalb von sechs Jahren aus dem Nichts heraus und entwickelte sich zu einer Kampfkraft, die für ganz Europa zu einer Bedrohung wurde und später dann auch die Blitzsiege der deutschen Wehrmacht ermöglichte. Zunächst ganz langsam, wenn auch unaufhaltsam, wuchs die Stärke der Luftstreitkräfte der mit Deutschland im Krieg liegenden Nationen. Allmählich geriet die Luftwaffe an allen Fronten in die Verteidigung und verlor schließlich ihre Kampfkraft, weil sie wegen Treibstoffmangels nicht mehr einsatzfähig war. Viele der besten Besatzungen waren tot oder in Gefangenschaft und der größte Teil der Übriggebliebenen erwartete am Boden das unausweichliche Ende.

Doch solange der Krieg andauerte, konnte die Luftwaffe in den Überlegungen der Alliierten nicht außer acht gelassen werden, da sie bis zum bitteren Ende immer noch unangenehme Überraschungen bereiten konnte.

Während eines großen Zeitraumes war es die Hauptaufgabe der Luftwaffe, das Heer aus der Luft zu unterstützen. Deshalb war es notwendig, im Text auch Kurzbeschreibungen einiger Frontschlachten aufzunehmen, damit der Leser den Hintergrund der Lufteinsätze auch verstehen kann.

Ich möchte hier meinen Dank abstatten an die William Kimber Ltd., an Messrs. Methuen & Co. und an die Robert Hale Ltd., die mir großzügig die Erlaubnis zum Abdruck einiger Passagen aus Büchern gaben, die in diesen Verlagen erschienen sind.

Es wäre sehr schwierig für mich gewesen, ohne die großzügige Unterstützung so vieler guter Freunde die notwendigen Photographien für dieses Werk zusammenzutragen. Meine besondere Dankbarkeit möchte ich Hanfried Schliephake, Hans Obert, Franz Selinger, John Taylor, Eddie Creek, Philip Moyes, Martin Windrow und Gerhard Joos zum Ausdruck bringen. Außerdem schulde ich besonderen Dank dem Imperial War Museum und der Radio Times Hulton Picture Library.

Ein Buch ernsten Inhaltes ist ohne häusliche Ruhe während der Arbeit undenkbar. Ich möchte daher die Gelegenheit wahrnehmen, meiner Frau Jane und meinen Kindern zu danken, daß ich dieses Buch schreiben konnte.

Alfred Price

Die Vorbereitung

»Es war nicht Grundgedanke meiner Politik, eine Angriffswaffe, die eine Bedrohung anderer Nationen dargestellt haben könnte, zu schaffen, sondern dem Deutschen Reich eine jederzeit zur Verteidigung gegen Luftangriffe ausreichende Luftmacht zu sichern.«

Hermann Göring am 8. März 1935 im Anschluß an die Bekanntmachung, daß eine Luftwaffe bereits bestand.

Nach dem Versailler Vertrag war Deutschland verpflichtet, seine Luftstreitkräfte abzurüsten und die Herstellung militärischer Flugzeuge zu unterlassen. Der Vertrag war jedoch nicht so wirksam wie beabsichtigt. Schon nach kurzer Zeit gab es nur noch geringe Beschränkungen bei der Herstellung von Zivilflugzeugen, und im Jahre 1926 wurden auch diese ganz aufgehoben. Zu diesem Zeitpunkt entstanden, wie auch in anderen Ländern, einige kleinere Fluggesellschaften und eine Reihe von Fliegerschulen, die Piloten ausbildeten.

Es entwickelte sich eine kleine, aber tüchtige Luftfahrtindustrie, um die noch geringe Nachfrage nach Flugzeugen zu befriedigen. Mitte der zwanziger Jahre bestanden aber bereits alle Firmen, die später die Massenproduktion für die Luftwaffe aufnahmen. Da waren Junkers in Dessau, Heinkel in Warnemünde, Dornier in Friedrichshafen und Fokke-Wulf in Bremen. Und in Augsburg konstruierte der junge Willy Messerschmitt Sportflugzeuge für die Bayrischen Flugzeugwerke.

Im Laufe dieser Entwicklung begannen zahlreiche ehemalige Fliegeroffiziere, die jetzt in der Reichswehr dienten, sich wieder für die Fliegerei zu interessieren. Hierbei hatten sie die volle Unterstützung des Befehlshabers der Reichswehr, des Generals Hans von Seeckt, der für engste Verbindung zur Luftfahrtabteilung des Verkehrsministeriums sorgte.

Das Pariser Luftfahrtabkommen von 1926 beschränkte zwar die Anzahl des zum Fliegen zugelassenen Luftdienst-Personals sehr einschneidend, doch von Seeckt konnte ohne Schwierigkeiten die Beschränkungen umgehen und so eine geheime Reserve an ausgebildeten Fliegern aufbauen. Es gelang ihm durch seinen dienstlichen Kontakt, die Ausbildung der Piloten auf den Verkehrsfliegerschulen durchführen zu lassen. Jedoch war eine realistische, militärische Fliegerausbildung, ohne Verdacht bei den Alliierten zu erregen, in Deutschland unmöglich. Daher schlossen die Deutschen mit den Russen ein geheimes Abkommen, das ihnen gestattete, eine Fliegerschule in Lipetz, südlich von Moskau, einzurichten. Später wurde eine zweite Schule im Kaukasus-Gebiet in Betrieb genommen. Von 1926 an brachten diese Schulen eine kleine Zahl von gut ausgebildeten Kampffliegern und Beobachtern hervor. Damals waren die Deutschen vorwiegend mit Maßnahmen gegen mögliche Luftangriffe beschäftigt, doch machten sie sich auch sehr gründlich Gedanken über Flugzeugeinsätze im Erdkampf. Heute wissen wir, daß fast alle Offiziere, die später in höhere Dienstgrade der Luftwaffe aufstiegen, zu irgendeiner Zeit auch durch die Schulen in Rußland gegangen sind.

So war der Grundstein für die Schaffung der Luftwaffe bereits gelegt, als Hitler im Jahre 1933 an die Macht kam. Hitler ernannte den vierzigjährigen Kampfflieger des Ersten Weltkrieges, Hermann Göring, zum Reichskommissar für Luftfahrt. Sofort erhielt der Aufbau einer deutschen Luftwaffe neuen Auftrieb. Da Göring aber noch andere Aufgaben hatte, übertrug er den größten Teil der Arbeit für die Luftwaffe seinem Stellvertreter, auch einem ehemaligen Flieger, dem General Erhard Milch, der später Gerneralquartiermeister der Luftwaffe wurde.

Die Aufgabe, der sich Milch im Jahre 1933 gegenübergestellt sah, war überwältigend, aber er zeigte sich ihr voll gewachsen. Er plante den Aufbau von je sechs Bomber-, Jäger- und Aufklärungsgeschwadern, die vordringlich als Keimzellen zur Ausbildung einer weit größeren Anzahl von fliegendem Personal und Bodenpersonal zu nutzen sein sollten. (Zur organisatorischen Gliederung der Luftwaffe vergleiche Anhang S. 73.) Damals hatte die deutsche Luftfahrtindustrie bereits Versuche mit ihren ersten militärischen Flugzeugen nach dem Kriege begonnen. Hier suchte sich Milch das erste Gerät für seine entstehende Truppe aus.

Das erste Kampfflugzeug betrachtete er nur als eine Übergangslösung. Es sollte dazu dienen, eine serienmäßige Bandfertigung einzurichten und den Besatzungen Erfahrungen mit einigermaßen modernem Fluggerät zu vermitteln.

Das erste Kampfflugzeug war die Heinkel 51, ein Doppeldecker mit einer Spitzengeschwindigkeit von nur 210 Meilen/Stunde und einer Bewaffnung von zwei gewehrkalibrigen Maschinengewehren. (Diese Maschine war etwa 25 Meilen/Stunde langsamer als die gerade in Dienst gestellte Gloster Gauntlet der Royal Air Force.) Milch bestellte ferner zwei Bombertypen, die Dornier 23 und die Junkers 52. Beide waren aus Verkehrsmaschinen entwickelt. Eine derartige Umkonstruktion damals zeigte die Unwirksamkeit eines Vertrages, der zivile, nicht aber militärische Flugzeugkonstruktionen gestattete. Dabei waren diese deutschen Bomber keineswegs zweitklassige Maschinen. Beide Typen waren freitragende Eindecker mit für damalige Begriffe stromlinienförmigen Profilen. Beide waren schneller als die Handley Page Heyford, das Rückgrat der Bomberflotte der Royal Air Force; bezüglich Reichweite und Nutzlast war der Vergleich mit der britischen Maschine auch günstiger.

Doch das Hauptgewicht lag bei der sich schnell vergrößernden Luftwaffe selbstverständlich auf den Schulmaschinen. Nach dem Grundsatzplan wurde nahezu die Hälfte der zahlenmäßigen Stärke der Luftwaffe als Schulflugzeuge gebraucht. Es waren vorwiegend Focke-Wulf 44, Arado 66 und Arado 69.

Nachdem die Maschinen in Auftrag gegeben waren, suchte Milch die für die neuen Aufgaben erforderlichen Persönlichkeiten. Das war nicht einfach, denn weder das Heer noch die Marine waren davon begeistert, ihre besten Männer abgeben zu müssen. Doch Göring gelang es über Hitler, diesen Widerstand zu überwinden. Ob die Männer die Versetzung zu der neuen Waffengattung selber wollten oder nicht, war völlig belanglos. Der damalige Oberst Albert Kesselring schrieb später:

»Als Oberst Stumpf mich anläßlich eines Tag-und-Nacht-Manövers im September 1933 aufsuchte, um mich für den Posten eines Verwaltungschefs der zukünftigen Luftwaffe zu interessieren, bekam er von mir nur eine sehr laue Antwort. Ich wollte gerne beim Heer bleiben und empfahl, die verwaltungsmäßigen Aufgaben der Luftfahrtabteilung, der späteren Luftwaffe, vom Heer wahrnehmen zu lassen. Noch am gleichen Abend, anläßlich eines Kasino-Essens mit den ausländischen Militärattachés und dem Chef der Heeresleitung wurde die Sache schnell geregelt. Als ich Generalleutnant Baron von Hammerstein begrüßte, entspann sich die folgende Unterhaltung:

›Hat Stumpf Ihnen Ihre zukünftige Verwendung schon mitgeteilt?‹

›Jawohl.‹

›Freuen Sie sich darüber?‹

Als ich verneinte und meine Gründe aufzuzählen begann, fiel er mir ins Wort:

›Sie sind Soldat und haben zu gehorchen!‹«

Genau zwei Jahre nach der Machtergreifung fühlte sich Hitler stark genug, der Welt die bisher geheimgehaltene Existenz der Luftwaffe bekanntzugeben. Damals bestand die Luftwaffe aus 1888 Maschinen aller Typen, 20 000 Offizieren und Mannschaften. Verbände, die bisher als »Flieger-Vereine« und »Polizei-Einheiten« getarnt waren, traten nun öffentlich bei feierlichen Paraden auf, meist in Hitlers Anwesenheit, und wurden in die Luftwaffe eingegliedert.

Das Ausbildungs- und Aufbauprogramm der neuen Luftwaffe wurde jetzt beschleunigt. In kurzer Zeit wurde eine eigene Luftwaffen-Akademie, ein eigener Nachrichtenapparat und die sogenannte Flak geschaffen. Die Flak (Abk. für Fliegerabwehrkanonen) war für die Verteidigung der deutschen Städte bei gegnerischen Luftangriffen verantwortlich. Von Anbeginn legten die Deutschen außerordentlichen Wert auf große Beweglichkeit der Fliegenden Verbände, der Boden-Versorgungseinheiten und deren Einsatz auf improvisierten Start- und Landeplätzen. Die dafür entwickelten Techniken haben der Luftwaffe in den ersten Kriegsjahren großen Nutzen gebracht. Sie ermöglichten es den Frontbefehlshabern, an den gewünschten Punkten entscheidende Massierungen von Kampfflugzeugen vorzunehmen.

Die dreißiger Jahre erlebten eine erhebliche Umwälzung in der Flugzeugkonstruktion. Man ging nach und nach vom bespannten Doppeldecker auf den schnellen, selbsttragenden Eindecker mit einziehbarem Fahrgestell, Verstellpropeller und Ganzmetallzelle über. Abgesehen von diesen rein konstruktionsmäßigen Neuerungen, gab es auch weitere Entwicklungen, die eine tiefgehende Auswirkung auf einen Luftkrieg haben sollten. Die Entwicklung des Instrumentenfluges ermöglichte es den Piloten, auch bei begrenzter Sicht zu fliegen. Damit wurde die Einsatzfähigkeit des Flugzeuges vervielfacht. Von gleicher Bedeutung waren die Fortschritte auf dem Gebiet der Elektronik, die eine ganze Serie von Funk-Navigations-Hilfen möglich machte und schließlich auch im Jahre 1936 das Radar hervorbrachten.

Die Summe all dieser Entwicklungen führte bei allen international bedeutenden Luftstreitkräften zu einer völligen Abkehr von alten Vorstellungen. Wie wirkte sich dies speziell bei der Luftwaffe aus?

Um das Jahr 1936 hatte die zweite Generation der deutschen Kampfflugzeuge mit der Erprobung begonnen und schon gegen Ende 1938 waren bereits viele von ihnen in großen Stückzahlen im Dienst. Der Standardjäger war die Messerschmitt-Konstruktion Bf 109 der Bayerischen Flugzeugwerke. Die zweimotorige Messerschmitt Bf 110 wurde als Langstreckenjäger gegen Bomber eingeführt. Standard-Großbomber waren die Dornier 17, die Heinkel 111 und zur Ergänzung später die Junkers 88. Der Standard-Kurzstreckenbomber war die Junkers 87. Alle Typen hatten die modernsten Konstruktionsmerkmale, mit Ausnahme der robusten Ju 87, die das feste Fahrgestell behielt.

Oberst Edgar Petersen baute eine Sonderfliegerschule in Wesendorf bei Hannover auf, um die neuesten Blindflug- und Langstreckenverfahren zu entwickeln und in ihnen auszubilden. Einmal in der Woche bei Tag oder Nacht startete eine vollbeladene Ju 52, um einen zehnstündigen Nonstop-Flug von 1300 Meilen nach Castel Benito, im damaligen Libyen, und zurück zu absolvieren. Jede Maschine hatte einen Lehrer und drei Schüler an Bord, die während des Fluges Erd-, Stern- und Funknavigation durchführen mußten, sofern sie für die letztere eine Funkbake erwischen konnten. Solche in den Jahren 1936 und 1937 an der damaligen Leistungsgrenze liegende Flüge erwiesen sich als außerordentlich wertvolle Übung in den Weitstrecken-Navigationsverfahren.

Die Deutschen waren auch auf dem Gebiet der Elektronik gut vorangekommen. Die Lorenz-Gesellschaft hatte in den frühen dreißiger Jahren ein Blindflugsystem entwickelt, damit Flugzeuge ihre Landeplätze auch bei Dunkelheit und begrenzter Sicht finden konnten. Das System verwandte zwei benachbarte Funkbaken zur Markierung einer Landeschneise bis zu einer Entfernung von 30 Meilen vom Flughafen. Auf der linken Seite der Schneise wurden Morsezeichen, auf der rechten Strichsignale gesendet. Die Signale überschnitten sich in der Mitte, so daß dort ein Dauerton zu hören war. Die Flugzeuge folgten nun dem Dauertonsektor, bis sie zu dem Leitstrahlsender kamen. Das Lorenz-System war um die Mitte der dreißiger Jahre sehr verbreitet. Es wurde sowohl in der zivilen Luftfahrt als auch von Luftstreitkräften benutzt. Wie die deutsche Luftwaffe, so bestellte auch die Royal Air Force das Gerät. Doch die Deutschen entwickelten das Gerät weiter. Im Jahre 1939 entstanden daraus zwei Weitstrecken-Navigationsverfahren und ein Verfahren für den Bombenabwurf. Es waren das »Knickebein« und das noch genauere »X-Gerät.« Beide Systeme gehörten einzig und allein der Luftwaffe. Bis zum Jahre 1941 waren die Deutschen auf diesem Gebiet führend. Zu diesem Zeitpunkt wurden sie von den Engländern übertroffen, die das GEE-System entwickelt hatten.

Die Deutschen machten auch große Anstrengungen, das Radar weiterzuentwickeln. Die deutsche Marine begann im Jahre 1936 ihre Arbeiten mit dem Impuls-Radar, wenige Monate nach den ersten Versuchen in England. Etwa 1938 kam das »Freya-Frühwarngerät« in Dienst, ein dem britischen »Chain Home«-Radar (aus dem gleichen Herstellungsjahr) in mancherlei Hinsicht überlegenes Gerät. Im Jahre 1939 wurde ein zweites deutsches Radar, das »Würzburg-Gerät«, ein Artillerie-Entfernungmeßradar, in Dienst gestellt. Seine Leistung war besser als die vergleichbarer britischer Geräte. Die Engländer hatten dagegen die Führung bei kleinen, in Flugzeuge einbaufähigen Geräten. Sie hatten zwei Typen, eine für See-Aufklärer und eine für Nachtjäger. Beide standen unmittelbar vor dem Einsatz an der Front. Die britische Führung lag nicht im Apparatebau selbst, sondern vielmehr auf dem Gebiete der Nutzung gewonnener Erkenntnisse. So war in der Jagdfliegerleitstelle der Royal Air Force bereits vor dem Kriege ein System zur Übermittlung zuverlässiger Informationen durch Funk entwickelt worden, das auf Radar-Peilungen basierte. Die Deutschen bemühten sich vor dem Kriege nicht, auch ein derartiges System zu entwickeln. Sie konzentrierten sich logischerweise mit aller Energie auf offensivere Entwicklungen, da sie von feindlichen Bombern wenig zu fürchten hatten. Sie widmeten sich der Vervollkommnung des fortschrittlichen Leitstrahl-Navigations-Systems.

Die Deutschen waren mit den meisten modernen Luftfahrt- und Wissenschaftsentwicklungen gut vertraut, doch auf dem Gebiet der Logistik gab es einige auffällige Versorgungslücken. So hatte die Luftwaffe noch im Sommer 1937 keine einzige moderne Bombe. Die Produktion mußte erst noch aufgezogen werden. Als dies Hitler anläßlich einer Rüstungsbesprechung bekannt wurde, entstand eisiges Schweigen. Wenige Tage darauf ließ Hitler Göring und einige Offiziere des Luftwaffenstabes zu sich kommen. Gelegentlich löste tatsächlich Hitlers Intuition Probleme in brillanter Weise. Hier konnte jedoch davon keine

Rede sein. Er sagte, daß er sich viele Gedanken über den Mangel an Bomben gemacht habe, und fuhr fort: »Deutschland hat mehr als genug solcher Stahlzylinder für Sauerstoff, Azetylene und dergleichen. Wir könnten sie mit Sprengstoff füllen und als Bomben benutzen!«

Ein Luftwaffenoffizier führte aus, daß das wegen der ungünstigen ballistischen Form der Zylinder, die einen Zielwurf verhindere, nicht ginge. Nach Abwurf vom Flugzeug würden sie unberechenbar durch die Luft zur Erde taumeln. Doch Göring nahm schnell die gebotene Gelegenheit wahr, das in der letzten Sitzung verlorene Ansehen wiederzugewinnen: »Mein Führer, ich möchte Ihnen für diese wundervolle Lösung danken. Ich muß zugeben, daß keiner von uns auf diesen genialen Gedanken gekommen ist! Sie, einzig und allein, haben die Lage gerettet. Mein Gott! Was sind wir für Hohlköpfe! Ich werde mir das niemals verzeihen können!«

Angesichts dieser enthusiastischen Entgegnung ihres Befehlshabers waren die Stabsoffiziere sprachlos. Als die Deutschen 1939 in den Krieg eintraten, bestand immer noch ein erheblicher Mangel an Bomben. Tatsächlich wurde aber das Problem mit der Zeit hinreichend gelöst; im darauffolgenden Jahr begannen sogar die Großangriffe.

Der Vorfall mit den Bomben war an sich belanglos und hatte auf den eigentlichen Kriegsverlauf keinen Einfluß. Er rückt jedoch zwei bedeutende Tatsachen in den Brennpunkt der Betrachtung. Erstens sieht man, daß Göring ohne Rücksicht auf Wahrheit verzweifelt danach trachtete, Hitler das zu sagen, was dieser gerne hören wollte. Diese Angewohnheit sollte sich später als nicht mehr korrigierbar herausstellen. Zweitens haben Göring und der größte Teil seiner zuständigen Stabsoffiziere bis zum letzten Augenblick nicht glauben wollen, daß es zum Weltkrieg kommen würde. Wenn es keinen Krieg gibt, ist es gleichgültig, wann die Bomben der neuen Typen fertiggestellt sind.

Der vom Sommer 1936 bis zum Frühjahr 1939 dauernde spanische Bürgerkrieg gab der Luftwaffe eine unschätzbare Gelegenheit zur Sammlung von Erfahrungen und zur Erprobung und zur Verbesserung von Maschinen und Ausrüstung. Die Deutschen waren von Anbeginn an in diesen Krieg verwickelt. Sie erfüllten Francos Bitte um Flugzeuge für den Transport der ihm ergebenen Truppen von Nordafrika nach Spanien. Hitler lieh Franco prompt ein Geschwader von 20 Maschinen Ju 52. Diese Flugzeuge hatten eine weit über die an sich geringe Anzahl hinausgehende Bedeutung. Jede Maschine transportierte auf einem Flu-

16

ge etwa 25 Soldaten mit Ausrüstung über die Strecke von 130 Meilen von Tetuan nach Sevilla. Mit bis zu 4 Einsätzen pro Tag ermöglichten sie Franco die Konsolidierung seiner in den ersten Tagen unsicheren Position. Die Anzahl der deutschen Kampfflugzeuge in Spanien stieg dann stetig an. Im November erreichte die Luftflotte, die dann Legion Condor genannt wurde, einen Bestand von 200 Maschinen. Die Hälfte davon waren Ju 52, die als Bomber eingesetzt wurden. Dazu kamen Jäger vom Typ He 51, während der Rest Schlachtflieger, Aufklärer und Transportflugzeuge waren. Zunächst konnten die Flugzeuge der Legion Condor nicht viel ausrichten, da sich die He 51 der russischen I 16 der Republikaner unterlegen zeigte. Ohne eigenen Jagdschutz aber wurden die Bomberverbände der Ju 52 zugerichtet. Doch im Sommer 1937 kamen die modernen Jäger Bf 109 und die Bomber He 111 und Do 17 in Spanien zum Einsatz. Mit ihnen gewannen die Deutschen schnell die Oberhand.

Der Einsatz der He 51 als Kampfbomber mit ihren sechs 22 lb. Bomben zur Unterstützung des Erdkampfes deutete eine Entwicklung an, die die zukünftige Gestaltung der deutschen Taktik beeinflussen sollte. Im tiefen Formationsflug zu je neun Maschinen wurden die Heinkel zur Bodenzielbekämpfung unmittelbar vor der Angriffsfront der Truppe eingesetzt. Von nahe an der Frontlinie liegenden Absprunghäfen konnten sie bis zu 7 Einsätzen am Tag fliegen. Der Befehlshaber der Legion Condor war Oberst Wolfram Freiherr von Richthofen, ein Vetter des berühmten Kampffliegers aus dem Ersten Weltkrieg. Er brachte diese Taktik zu einer vollendeten Wirksamkeit. Sie stellte sich bei den damaligen begrenzten Kampfhandlungen als entscheidend heraus. Die gleichen Taktiken zeigten sich nur wenige Jahre später gegen bedeutendere Gegner genauso erfolgreich.

Der Vorabend des Zweiten Weltkrieges fand die Luftwaffe trotz einiger Mängel für den Einsatz weit besser gerüstet als irgendeine andere Luftstreitmacht in der Welt. Ihre Ausrüstung war nach damaligen Begriffen ausgezeichnet. Der Jäger Messerschmitt 109 E war als Abfangjäger jedem anderen überlegen. Die einzige Ausnahme war die Spitfire, die jedoch nur in geringer Anzahl vorhanden war. Die Heinkel 111 und die Junkers 88 waren ebenfalls weit besser als jeder andere im Dienst befindliche europäische Bomber. Hier bildete allerdings die Wellington der RAF, die auch nur in geringer Anzahl vorhanden war, eine Ausnahme. Da die deutschen Gegner keine modernen viermotorigen Bomber hatten, war es für die Deutschen unwichtig, daß sie selbst auch keine hatten.

Die Männer der Luftwaffe waren in bezug auf Ausbildung und Kampfgeist ebenso gut wie die irgendeiner anderen Luftmacht und weit besser als die Mehrzahl ihrer Gegner. Es bestand kein Zweifel, daß die jüngste Luftmacht sich einen großen Namen machen würde, falls es Krieg in Europa geben sollte. Tatsächlich war es dann auch so.

Der Angriff

»Ich habe in den wenigen vergangenen Jahren mein Bestes getan, um unsere Luftmacht zur größten und mächtigsten der Erde zu machen. Die Errichtung des Großdeutschen Reiches ist weitgehend erst durch die Stärke und stete Bereitschaft der Luftwaffe ermöglicht worden. Geschaffen aus dem Geist der deutschen Flieger des Ersten Weltkrieges, beseelt durch den Glauben an den Führer und Oberbefehlshaber, so steht die deutsche Luftwaffe heute bereit, jeden Befehl des Führers mit blitzartiger Geschwindigkeit und unvorstellbarer Gewalt auszuführen!«
Göring im Tagesbefehl an die Luftwaffe
im August 1939

Der deutsche Angriff auf Polen und damit der Zweite Weltkrieg begann am Morgen des 1. September 1939 um 4.45 Uhr. Der Morgennebel verzögerte den Luftwaffeneinsatz, aber in den Nachmittagsstunden waren die Streitkräfte im vollen Kampfeinsatz. Die Luftflotten 1 und 4 unter den Generalen Kesselring und Löhr zogen etwa 1300 Kampfflugzeuge gegen die Polen zusammen. Zunächst waren die Flugplätze das Hauptziel des Angriffs der deutschen Bomber bei Kattowitz, Krakau, Lemberg, Radom, Lublin, Wilna, Kida, Grodno und Warschau. Die Begleitjäger vom Typ Messerschmitt 109 und 110 hatten keine Mühe, die unmodernen PZL-Kampfmaschinen der Polen abzuschießen, falls es ihnen überhaupt noch gelang, zum Kampf aufzusteigen.

Die Luftwaffe wendete sich vom 3. September an von den zerstörten Feindflugplätzen ab und wandte sich der Erdkampfunterstützung an der Front zu. Die Zusammenarbeit erstreckte sich auf die direkte Bombardierung und Beschießung von Widerstandsnestern, Artilleriestellungen und Truppenkonzentrationen, sobald die Polen an Widerstand dachten.

Die Bomber griffen Depots, Lager, Kasernen und Fabriken an, um den gegnerischen Nachschub zu unterbinden. Die rückwärtigen Verbindungslinien – Schienenstränge, Bahnhöfe, Brücken und Straßenkreuzungen – lagen im Bombenhagel, um die Polen daran zu hindern, Verstärkungen an die Front zu bringen.

Am 17. September war das Ende des Feldzuges bereits in Sicht, da das polnische Heer nicht mehr als einheitlich geführtes Kampfmittel existierte und der Fall der Hauptstadt Warschau kurz bevorstand. Die Deutschen begannen von diesem Tage an damit, die ersten Verbände nach dem Westen zu verlegen, um die dortigen schwachen Kräfte zur Verteidigung der Front gegen Engländer und Franzosen zu verstärken. Die Einnahme von Warschau erwies sich schwieriger als erwartet, und der russische Einmarsch in Ostpolen gab den deutschen Angriffen neuen Antrieb. Die Luftwaffe warf eine ganze Woche lang viele tausend Flugblätter über der Hauptfestung ab mit Aufforderungen an den polnischen Oberbefehlshaber, sich zu ergeben. Als diese Taktik fehlschlug, begannen die Deutschen am 25. September ein gewaltiges Luft- und Artilleriebombardement gegen die Stadt. General von Richthofen hatte etwa 400 Bomber aller Typen zur Verfügung. Manche flogen an diesem Tage bis zu vier Einsätzen. Bei Anbruch der Nacht stand ganz Warschau in Flammen. Die polnischen Streitkräfte boten am nächsten Tage die Übergabe an. Am 27. September war der Feldzug beendet.

Bei der nur unbedeutenden Gegenwehr hatten sich die deutschen Sturzkampfflugzeuge vom Typ Ju 87 als überragender Erfolg erwiesen. Die Piloten konnten die durch sie erreichbare außerordentliche Genauigkeit voll ausnutzen. Die Wirkung dieser fast individuellen Kampfform zerbrach die Kampfmoral der darauf völlig unvorbereiteten gegnerischen Truppe. Es entstand die Stuka-Legende. (Wenn auch das Wort Stuka oft als Name der Ju 87 gebraucht wurde, so ist es an sich lediglich eine Abkürzung für Sturzkampfflugzeug. Das Wort Stuka bedeutet daher diese Einsatz-Taktik, nicht jedoch den Namen für einen bestimmten Typ.)

Anschließend an den siegreichen Herbstfeldzug gegen Polen wurden die Luftwaffen-Verbände zur Überholung der Maschinen nach Deutschland zurückverlegt. Es begann für die Deutschen und ihre Gegner die Vorbereitungszeit auf den kommenden Sommerfeldzug. Diese Zwischenzeit wurde wegen ihrer Ereignislosigkeit von den Engländern

20

»phoney-war« und von den Franzosen »drôle de guerre« genannt. Damals gab es nur selten Luftkampfhandlungen, und auch diese lagen zeitlich völlig getrennt und hatten keinen Zusammenhang. Am 18. Dezember 1939 fand jedoch eine Schlacht statt, die wegen ihrer langfristigen Nachwirkung besonders bemerkenswert war. An diesem Tage versuchte eine Formation von 22 Wellington-Bombern der RAF einen Tagangriff auf deutsche Kriegsschiffe in Wilhelmshaven. Allgemein war man der Ansicht, daß in dichter Formation fliegende Bomber, die mit gepanzerten Drehkuppel-Maschinengewehren schwer bewaffnet waren, sich auch bei vollem Tageslicht einen Weg durch die feindliche Verteidigung zu ihrem Angriffsziel erkämpfen konnten. Diese Theorie wurde jetzt auf die Probe gestellt. Als die Formation die deutsche Nordseeküste erreichte, stürzten sich sechzehn Bf 109 und vierunddreißig Bf 110 auf sie herab. In dem sich daraus ergebenen Nahkampf erzielten beide Seiten Abschüsse. Viele deutsche Jäger wurden beschädigt, aber tatsächlich nur zwei auch abgeschossen. Der Gegenseite wurden größere Verluste zugefügt, u. a. weil die deutschen Flugzeuge mit Explosivgeschossen ausgerüstet waren, deren Kaliberstärke die der Bomber übertraf. Es wurden 10 von den 22 angreifenden Wellington-Bombern abgeschossen; zwei weitere gingen bei Notlandungen nach Erreichen der englischen Küste verloren. Hieraus zog man den Schluß, daß Bomberverbände ohne begleitenden Jagdschutz angesichts einer gut ausgerüsteten und entschlossenen Luftverteidigung bei Tage keinerlei Chance hatten. Von diesem Zeitpunkt bis zum Herbst 1944 hat sich das Bomberkommando der RAF bei Angriffen auf Ziele in Deutschland ausschließlich auf die Nacht beschränkt.

Für das Jahr 1940 sollte das Hauptziel des Frühjahrs der Angriff auf Frankreich und die Niederlande werden. Zunächst jedoch verlangte Hitler die Einnahme von Dänemark und Norwegen, um einem britischen Angriff zuvorzukommen, der auf Skandinavien und die Ostsee gerichtet sein könnte.

Die »Weserübung«, wie der Angriff auf Dänemark und Norwegen mit Codenamen genannt wurde, begann am 9. April 1940. Heeresverbände überschritten die dänische Grenze, während gleichzeitig Landungsunternehmen der Marine Truppen auf den dänischen Inseln und in norwegischen Häfen ausschifften. Etwa 11½ Stunden später begannen Luftlande-Einsätze mit Fallschirmtruppen, den ersten jemals durchgeführten Fallschirmlandungen, auf den beiden Flugplätzen von Aalborg.

Nach Sicherung der Flugplätze landeten die Ju 52 mit Infanterie zur Konsolidierung der Lage. Schnell war Aalborg selbst und das gesamte Jütland in deutscher Hand. Man demonstrierte die eigene Stärke, indem man zusammen mit den Bombern und Kampfverbänden eine Unzahl von Transportmaschinen in Richtung Norwegen über Dänemark fliegen ließ, was bei den Dänen die Überzeugung festigte, daß jeder Widerstand sinnlos war. Noch vor Ende des Tages befahl der dänische König seinen Truppen, das Feuer einzustellen.

Inzwischen waren in Norwegen auf die See-Lande-Unternehmen in den Häfen starke Kampffliegerangriffe auf die Flugplätze bei Stavanger und Oslo gefolgt. Die kleine norwegische Luftflotte mit ihren veralteten Maschinen war bald ausgeschaltet. Den Angriffen folgten unmittelbar Fallschirmlandungen und Verstärkungen durch Luftlandetruppen auf den zwei Flugplätzen, die schon in deutscher Hand waren. Kurz danach operierten bereits Bf 110 und Ju 87 von dort aus zur Unterstützung der deutschen Heeresgruppen. Nach nur zwei weiteren Tagen gehörten zu dem von den Deutschen besetzten Gebiet bereits auch die weiteren Flugplätze bei Stavanger und Drontheim.

Die Deutschen machten während des ganzen Feldzuges ausgiebigen Gebrauch vom Lufttransport zur Heranschaffung von Truppen und Luftwaffen-Bodenpersonal. Es waren etwa 500 Transporter vom Typ Ju 52 im Einsatz, wovon etwa ein Drittel zur »Kampfgruppe zur besonderen Verwendung«, der Rest aber zu den Fliegerschulen gehörte. (Die Bezeichnung »Kampfgruppe zur besonderen Verwendung« wurde für die Transporteinheiten als moralische Stärkung verwandt. Die Bordbesatzungen sollten nicht das Gefühl haben, daß ihre Einheiten zweitrangige Aufgaben erledigten. Im Jahre 1943 hatten sich diese Verbände ihre Sporen verdient und der psychologische Kniff war unnötig geworden. Sie wurden wieder in Transportgruppen umbenannt.)

Zum ersten Male wurden nun im großen Stil die im Frieden aufgestellten deutschen Theorien über den Lufttransport und Luftlande-Unternehmen in der Praxis erprobt. Sie erwiesen sich als richtig.

Zu dem Zeitpunkt, als die ersten britischen Truppen am 15., 16. und 17. April bei Narvik, Namsos und Andalsnes in Norwegen landeten, war das von den deutschen Truppen besetzte Gebiet im Süden bereits abgesichert und ausgeweitet. Das Hauptziel des Fliegerkorps X der deutschen Luftwaffe waren jetzt die britischen Landestellen, Seetransporte und deren Geleitfahrzeuge. Schwere Bomber und Stuka-Verbände sorgten für ständigen Druck und verursachten infolge der unbedeutenden Luftabwehr sehr ernste Verluste. Anfang Mai gehörten zu den Einheiten des Fliegerkorps X in Norwegen folgende Flugzeuge:

Langstreckenbomber (He 111, Ju 88)	360
Sturzkampfflugzeuge (Ju 87)	50
Einmotorige Jäger (Bf 109)	50
Zweimotorige Jäger (Bf 110)	70
Aufklärer (Do 17)	60
Seeflugzeuge (He 115, He 59, Do 18)	120
	710

Angesichts einer derartigen Übermacht war es der RAF beinahe unmöglich, ihre Kräfte zu verstärken. Der Versuch, unmoderne Gladiator-Jäger von zugefrorenen Seen aus einzusetzen, wurde von den deutschen Aufklärern sofort erkannt und die Landeflächen durch Bomben prompt unbrauchbar gemacht. Einige wenige moderne Hurricanes wurden erst ganz am Ende des Feldzuges verfügbar, aber auch sie konnten das Schicksal nicht mehr wenden.

Die deutsche Armee überrollte Norwegen unaufhaltsam in Richtung Norden. Anfang Mai wurden die im Süden von Andalsnes und Namsos stehenden britischen Truppen wieder eingeschifft und abtransportiert. Das einzige Widerstandszentrum lag jetzt im Norden bei Narvik. Einen Monat später mußten auch die dortigen alliierten Truppen zurückgezogen werden. Am 10. Juni hatten die Deutschen ganz Norwegen besetzt.

Die besondere Bedeutung des Norwegen-Feldzuges lag darin, daß sich die Luftwaffe vom Anfang bis zum Ende als der für den Sieg ausschlaggebende Faktor erwiesen hatte. Bekanntlich waren die schnellen Besetzungen von Oslo und Stavanger nur durch den Einsatz von Fallschirm- und Luftlandetruppen möglich gewesen, während die Kampfverbände ebenso entscheidend in den Erdkampf in den Gebieten eingegriffen hatten, die schwache bzw. unbedeutende Verkehrsverbindungen hatten. Im weiteren Zusammenhang gesehen, dienten die Norwegen-Einsätze der Luftwaffe als sehr nützliche Probe für einen weit größeren Angriff, der sehr bald darauf in Flandern erfolgte.

Seit jeher ist Kühnheit ein Kennzeichen deutscher militärischer Planungen gewesen. Der vorgeplante Feldzug gegen Frankreich im Jahre 1940 ist sicherlich keine Ausnahme davon. Im Gegensatz zu den relativ kleinen Einkreisungsbewegungen im Polenfeldzug wurde jetzt eine gewaltige Speerspitze aus Panzern auf einer schmalen Front durch die französische Verteidigung getrieben. Sie bahnte sich ihren Weg unaufhaltsam nach Nord-West zur mehr als 300 km entfernten Kanalküste. Nach diesem Plan sollten die Heeresverbände der Alliierten in zwei Hälften zerschlagen werden, die dann getrennt besiegt werden sollten. Ein gewisses Risiko lag in dieser Taktik, doch mit gewaltiger und direkter Luftunterstützung durch die jeweils zu konzentrierenden Luftstreitkräfte konnte der Vormarschweg durch diese Art einer beweglichen Artilleriewalze unter der Voraussetzung eines gewissen Überraschungsmomentes beim Gegner und eigener Beweglichkeit ausreichend abgesichert werden. Das wäre mit konventioneller Artillerie niemals möglich gewesen. Es gehörte dazu, daß der Feind unter unablässigem Druck gehalten wurde und ihm nicht die geringste Atempause blieb. Unter diesen Vorbedingungen bestanden alle Chancen für ein Gelingen des Planes. Was die Luftunterstützung anbetraf, war es lediglich die Anwendung der Lehren im großen Stil, die bereits in Spanien erprobt und in Polen noch verbessert worden waren. Dort hatten Richthofens Stukas ihren Wert erwiesen, jetzt sollte ihnen Gelegenheit gegeben werden, die entscheidende Rolle in der Durchbruchsschlacht zu spielen.

Bevor aber der Feldzug gegen Frankreich begann, hielt es der deutsche Generalstab für nötig, die nördliche Flanke in Holland und Belgien zu sichern. Es war anzunehmen, daß die Holländer versuchen würden, die Deutschen an der Maas-Yssel-Linie aufzuhalten und im Falle eines Durchbruchs in Rotterdam selbst. In Belgien wurde die Verteidigung an Meuse und Albert-Kanal konzentriert und die ganze Front an dem Fort Eben Emael als Eckpfeiler verankert. Die Deutschen planten, ihre Luftlandetruppen in noch größerem Maßstab als in Norwegen und Dänemark einzusetzen, um die lebenswichtigen Brücken auf dem Vormarschweg der Panzerspitzen zu erobern. Das Fort Eben Emael sollte von Stoßtrupps, die auf dem Glacis der Festung selbst auf dem völlig neuen Wege mittels Lastensegler landen sollten, im Handstreich genommen werden.

Die Luftwaffe hatte somit in diesem Feldzuge drei Aufgaben: Erstens hatte sie durch stärkste Angriffe auf die feindlichen Flugplätze den Weg für Luftlandungen freizumachen; zweitens hatte sie anschließend die Luftlandetruppen zu ihren Einsatzzielen zu bringen; drittens aber mußte sie den deutschen Heeresgruppen bei der Eroberung von Holland und Belgien und bei dem geplanten Panzervorstoß durch Frankreich stärkste Erdkampfunterstützung geben. Für den Feldzug waren bereitgestellt:

Langstreckenbomber	1 300
Stuka	380
Einmotorige Jäger	860
Zweimotorige Jäger	350
Aufklärer	640
Transportflugzeuge	475
Lastensegler	45
	4 050

Im Morgengrauen des 10. Mai 1940 begannen die deutschen Angriffe auf die Flugplätze in Holland, Belgien und auf die der britischen und französischen Luftflotte in Frankreich. Vom ersten Tage an sicherten sich die Deutschen die Luftüberlegenheit und verloren sie nicht wieder. Dann kamen die Ju 52 und transportierten die Fallschirmtruppen. In Den Haag wurden die dortigen drei Flugplätze und die wichtige Moerdijk-Brücke sofort genommen. Der geplante Versuch, die holländische Königsfamilie und die Regierung gefangenzunehmen, schlug jedoch fehl.

Die Handstreiche mit Hilfe der Lastensegler auf die Brücken bei Mastricht über die Maas und auf das Fort Eben Emael in Belgien gelangen hervorragend. Beim Angriff auf das Fort hielten ganze 85 Sturmpioniere das gesamte unterirdische Festungssystem mit einer belgischen Besatzung von 750 Mann solange in Schach, bis deutsche Verstärkungen kamen und die Besatzung sich ergab. Der Überraschungserfolg war derartig, daß vom deutschen Stoßtrupp nur 6 Mann getötet und 15 verwundet wurden. Damit war der Weg für die deutschen Panzerkeile nach Holland und Belgien offen. Dem Plan entsprechend, wurde den Verteidigern keine Atempause gelassen. Fünf Tage später kapitulierten die Holländer.

Während der Besetzung von Holland und Belgien waren die Aufklärer der Luftwaffe unermüdlich tätig bei der Erkundung britischer und französischer Truppenaufstellungen. Dadurch gewann das deutsche Oberkommando ein genaues und tatsächliches Bild von Stärken und Schwächen der Gegner.

Am 13. Mai um 4 Uhr nachmittags begann aus der Luft die Zermürbung der französischen Stellungen auf dem Westufer der Meuse. Stukas und Bomber griffen die Stellungen der Verteidiger unablässig an; bis zum Abend zählte die Luftwaffe über 500 Einsätze. Unter ihrem Schutz überschritt die 1. Panzerdivision über eine hastig geschlagene Ponton-

brücke die Meuse und bahnte sich ihren Weg durch die Hauptkampf-
und Auffanglinien der französischen Abwehrfront.

Die Überwindung der Meuse zeigte sich als der entscheidende Wendepunkt des ganzen Feldzuges. Nachdem der deutsche Panzervorstoß
nach der Küste erst einmal richtig in Gang kam, konnten ihn weder
Engländer noch Franzosen wieder aufhalten. Von Zeit zu Zeit wurden
die Stukas von Richthofen unter starkem Jagdschutz eingesetzt, um den
Panzerkolonnen ihren Weg zu bahnen. Sobald Boden- oder Luftaufklärung tatsächliche oder auch nur mutmaßliche Widerstandsnester fest-
stellten, wurden sie durch Stukas angegriffen und zerschlagen. Diese
Einheiten erreichten bis zu 9 Einsätze am Tag. Der Erfolg war eine
völlige Lähmung der britischen und französischen Armeen, was selbst
für die Deutschen überraschend war.

Am Abend des 20. Mai, genau eine Woche nach dem Meuse-Über-
gang und 240 Meilen von diesem Ausgangspunkt entfernt, erreichte die
Panzerspitze des Stoßkeils bei Voyelles den Englischen Kanal. Der Plan,
die britische und die französische Armee voneinander zu trennen,
war gelungen. Das war der Anfang vom Ende der Schlacht um Frankreich.

Inzwischen aber hatte das Tempo des Vordringens die Luftwaffe mit
dem Problem der sich stetig verlängernden Versorgungslinien konfron-
tiert. Die einmotorigen Jäger, die Stukas und die Nahaufklärungsverbände mußten täglich ihre Basen vorverlegen. Zu ihrer Unterstützung
und Versorgung waren die vielseitigen Ju 52-Transportverbände pausenlos im Einsatz.

Am 30. Mai war die Lage der in Nordfrankreich abgeschnittenen
britischen und französischen Armeen unhaltbar geworden. Der Rückzug
von Dünkirchen begann. Sofort gab Göring den Befehl an die Luftwaffe,
die Bomber und Jäger zur Verhinderung der Flucht auf den Hafen zu
konzentrieren. Zwischen dem, was Göring wollte, und dem, was die
Luftwaffe wirklich konnte, bestand jedoch ein erheblicher Unterschied.
Die Kurzstreckenkampfverbände unterlagen nach drei intensiven Ein-
satzwochen von gerade erst eroberten Flugplätzen aus, stets am äußersten Ende einer bereits überbeanspruchten schwachen Versorgungsli-
nie, einer außerordentlichen Abnutzung. Außerdem fanden die deutschen Kampfverbände ihre Anflugwege zu den Einschiffungsstränden
durch die Jäger der RAF, die von den südenglischen Basen aus operierten, versperrt. Die Luftwaffe traf hier zum ersten Mal auf einen

26

gleichstarken und kampfkräftigen Gegner in der Luft. So ergab es sich, daß die deutschen Bomber und besonders die Stuka schwere Verluste erlitten. Der Rückzug von Dünkirchen konnte nicht unterbunden werden. Am Morgen des 4. Juni hatte man insgesamt 338 226 Mann nach England zurückgeholt.

Nach Abschluß der Flucht aus Dünkirchen und der Lösung aller Aufgaben im Norden konnte sich die Luftwaffe ihrer nächsten Aufgabe zuwenden: die Unterstützung des Heeres beim Vorstoß auf Paris. Nach nur 10 Tagen war die französische Hauptstadt in deutscher Hand. Elf Tage später, am 25. Juni, baten die Franzosen um Frieden. Der Feldzug im Westen war nach genau 46 Tagen beendet.

Man kann die Deutschen wegen der Euphorie, die über sie hereinbrach, nicht tadeln. Sie hatten mehr erreicht, als ihnen in ihren kühnsten Träumen vorgeschwebt haben mag. Allerdings ist es eine Binsenweisheit, daß man im Krieg mehr aus Niederlagen als aus Siegen lernt.

Das nächste Angriffsziel der Deutschen war England. Es war gar nicht überraschend, daß man die Invasion im Stile des Übergangs über die Meuse plante. Der Luftwaffe fiel in diesem Rahmen die ihr inzwischen schon vertraute Aufgabe zu.

Das schwierigste Problem bei diesem Angriff war, einen Weg zur Erringung der Luftüberlegenheit zu finden. Hermann Göring erkannte, daß er zur Ausschaltung der RAF, der bisher mächtigsten gegnerischen Luftstreitmacht, dieses Mal mehr Zeit benötigte als in der Vergangenheit. Bis zu ihrer völligen Zerstörung konnte es vielleicht zwei Wochen dauern.

Während des Monats Juli wurden die deutschen Jagd- und Bomberverbände in den Luftflotten 2 und 3 entlang der Kanalküste zusammengezogen. Am 17. Juli war die Aufstellung zur Schlacht beendet. Folgende Flugzeuge standen zur Verfügung:

Langstreckenbomber	1 200
Sturzkampfbomber	280
Einmotorige Jäger	760
Zweimotorige Jäger	220
Aufklärer	140
	2 600

Hinzu kamen noch die Luftstreitkräfte aus dem norwegischen Raum, die von dort aus in die Schlacht um England eingreifen sollten. Sie gehörten zur Luftflotte 5, die aus folgenden Maschinen bestand:

Langstreckenbomber	130
Zweimotorige Jäger	30
Aufklärer	30
	190

Die Luftwaffe hatte bei den bevorstehenden Angriffen wiederum zwei Hauptaufgaben: Erstens sollte sie die RAF als wirksames Kampfmittel ausschalten; zweitens hatte sie durch Angriffe auf Häfen und Schiffahrt die britische Lebensader, die Seezufuhr, abzudrosseln.

Das Unternehmen, das heute als Schlacht um England bekannt ist, begann am 13. August mit 485 Bomber- und 1000 Jägereinsätzen der Luftwaffe gegen die Häfen Portland und Southampton und gegen Flugplätze in Hampshire und Kent. Bis Tagesende hatten die Deutschen 45 und die RAF 13 Flugzeuge verloren. Zwei Tage später schlug die Luftwaffe kräftiger zu. Es gab auf ihrer Seite 1768 Einsätze, davon 520 durch Bomber zur Ausschaltung der britischen Flugplätze. Die RAF schlug kräftig zurück und schoß 75 der Angreifer bei 34 eigenen Jägerverlusten ab. Am 16. August wiederholte die Luftwaffe den Angriff mit einem Verlust von 16 und am 18. mit einem Verlust von 71 Maschinen.

Diese Einsatzfrequenz blieb den restlichen August und Anfang September über etwa konstant. Allmählich setzte sich bei allen Dienstgraden der Luftwaffe die Ansicht durch, daß die Schlacht, wenn überhaupt, keineswegs leicht zu gewinnen war. Adolf Galland, damals Gruppenkommandeur im Jagdgeschwader 26, schrieb später:

»Der Mißerfolg, keinen merklichen Fortschritt zu erzielen, ständig wechselnde Befehle, die Planlosigkeit mit offensichtlicher Fehleinschätzung der Lage durch die Führung offenbarten, und ungerechtfertigte Anschuldigungen hatten eine äußerst demoralisierende Wirkung auf uns Jagdflieger, die wir bereits durch physische und seelische Beanspruchung mitgenommen waren. Wir beklagten uns über die Führung, die Bomber, die Stukas und waren mit uns selbst unzufrieden. Wir sahen einen Kameraden nach dem anderen, alles alte und kampferprobte Kämpen, aus unseren Reihen verschwinden. Kein Tag vergeht, ohne daß ein Platz am Messetisch leer blieb. Neue Gesichter erscheinen und werden vertraut, bis auch diese eines Tages wieder verschwinden, abgeschossen in der Schlacht um England!«

Was war schief gelaufen? Tatsache war, daß die bisher an allen Fronten siegreiche Luftwaffe sich mehr vorgenommen hatte, als sie leisten konnte.

Die Deutschen mußten die RAF ausschalten, um die Schlacht zu gewinnen. Das konnte nur auf zweierlei Art geschehen. Entweder wurden die britischen Jäger in die Luft gelockt und dort zerstört oder sie wurden durch Angriffe auf die Flugplätze am Boden zerstört. Nachdem sich aber erwiesen hatte, daß die deutschen Bomber nicht in der Lage waren, sich mit der eigenen Feuerkraft gegen die britischen Jäger zu verteidigen, konnten sie nur unter starkem Jagdschutz zu ihren Zielen durchdringen. Der Jagdschutz hatte die RAF-Jäger in der Luft abzuschießen. Es zeigte sich außerdem, daß die zweimotorigen Messerschmitt 110 den wendigeren einmotorigen Jägern der RAF nicht gewachsen waren. Das wiederum bedeutete, daß die Aufgaben des Jagdschutzes für die Bomber nur der Messerschmitt 109 zufielen, das einzige Flugzeug, das mit der Spitfire und der Hurrican auf gleicher Basis kämpfen konnte.

Die Bf 109 war aber nur ein Kurzstrecken-Abfangjäger, wie seine britischen Gegner, mit einer Reichweite von ungefähr 125 Meilen. Sie konnte daher von den Flugplätzen des Raumes um Calais nur etwa bis London, von den Flugplätzen des Cherbourg-Raumes nur wenig über Portsmouth hinaus Jagdschutz geben. Das war der harte Kern des deutschen Problems, denn die Reichweite des Jagdschutzes bestimmte die Eindringtiefe der Bomber bei Tage, wenn sie nicht schwere Verluste erleiden sollten. In Reichweite der Bf 109 machte die Luftwaffe viele englische Flugplätze unbrauchbar, doch der Britische Befehlshaber, Chief Marshal Dowding, hatte klugerweise die meisten seiner Geschwader rechtzeitig aus dem Wirkungsbereich der Bomber zurückgezogen.

Im September entbrannte nun die Schlacht über London. Hier kämpften die britischen Jäger in der Nähe ihrer Basen, die deutschen an der Grenze ihrer Reichweite. Das Kräfteverhältnis war 7 zu 6 zugunsten der Deutschen, nur die einmotorigen Jäger gerechnet. Die britischen Jäger arbeiteten unter wirksamer Radarleitung vom Boden aus und konnten so ihre Kräfte konzentriert ansetzen. Unter Ansatz einer Ebenbürtigkeit deutscher und britischer Piloten, Mann für Mann, und ebensolcher Gleichwertigkeit der Ausrüstung, konnte bei der gegebenen Lage der Ausgang des Kampfes nicht lange zweifelhaft sein.

Bei Betrachtung dieser grundlegenden und unüberwindlichen Probleme ist es klar, daß, gleichgültig welchen Weg Göring für den Einsatz seiner Luftwaffe auch immer wählen würde, die Vernichtung der RAF mit Sicherheit nicht erreicht werden konnte. Er wählte eine langwierige

Abnutzungsschlacht, die ihn vom 10. Juli bis zum 31. Oktober dann insgesamt 1733 Flugzeuge bei einer Abschußziffer von 915 britischen Jägern kostete. Selbst die Luftwaffe konnte derartige Verluste bei einem so geringen Erfolg nicht weiter hinnehmen. So kam die Schlacht im November zum Stillstand. Den Amerikanern sollte der Beweis überlassen bleiben, daß Tag-Bombenangriffe trotz eines mächtigen Abwehrsystems tatsächlich doch möglich waren. Das gelang bekanntlich jedoch nur mit einer erheblich besseren Ausrüstung und auch erst sehr viel später im Verlauf des Krieges.

Inwieweit war nun die Schlacht um England ein Wendepunkt dieses Krieges? Sicherlich bezeichnete sie nicht das Ende der Luftwaffe, denn diese bestand weiter und konnte immer noch große Triumphe wie z. B. in Frankreich erringen. Aber wichtig war, daß erstmalig die Hauptmacht der Luftwaffe, in einer mehrere Wochen andauernden Offensive zum Einsatz gebracht, ihre Ziele nicht erreicht hatte. Der Mythos der unbesiegbaren Luftwaffe war verblaßt.

Nach dem Fehlschlag der Tagangriffe verlagerte die Luftwaffe das Schwergewicht auf die Nachtangriffe gegen England. Sie hatten am 28. August mit drei aufeinanderfolgenden Nachtangriffen mit starken Bomberverbänden auf Liverpool begonnen. Am 7. September folgte dann der Beginn des sogenannten Blitzkrieges auf London.

Bis zum 13. November warfen die Deutschen dann Nacht für Nacht mit einer durchschnittlichen Kampfstärke von 130 Flugzeugen Bomben auf London.

Bei diesen Angriffen hatten die Bomber die englische Küste einzeln auf parallelen Kursen innerhalb eines schmalen Gürtels von 15 Meilen Breite zu passieren. Diese »Krokodil«-Taktik war sehr verschieden von den Bomberstrom-Taktiken, wie sie später von der RAF angewandt wurden. Die Deutschen flogen in einem zeitlichen Abstand von 4 Minuten und einer mittleren Entfernung von 12 Meilen zwischen den einzelnen Bombern zu ihren Zielräumen. Das machte es den nicht mit Radar ausgerüsteten Nachtjägern sehr schwer, sie abzufangen, denn es stand so immer nur ein Bomber in einem Bereich von ca. 290 qkm. Zieht man dann noch in Betracht, daß man sich auf Flughöhen zwischen 10000 und 20000 Fuß verteilt hatte, so war immer nur ein einziger Gegner in einem ganz bestimmten Luftraum. Es ist daher nicht weiter verwunderlich, daß die Verteidiger, größtenteils ohne das notwendige Radargerät, in den dunklen Nächten des Jahres 1940 nur geringen Erfolg hatten.

30

Für die Deutschen hatte jetzt das Leitstrahl-Navigationssystem seinen Wert unter Beweis zu stellen. Die Nachrichtenabteilungen der Luftwaffe hatten entlang der Küste von Frankreich, Holland und Norwegen 9 »Knickebein«-Sendestationen aufgebaut, zusätzlich zu den 3 schon vor dem Kriege in Deutschland errichteten. Diese Sender konnten mit ihren Leitstrahlen jedes Ziel auf den britischen Inseln festlegen. Als es aber jetzt tatsächlich darauf ankam, stellte sich das »Knickebein« doch als Versager heraus. Die deutschen Flugzeuge hatten während der Probeangriffe in den hellen Nächten unmittelbar nach Dünkirchen die Leitstrahlen als Anhalt für ihre Wege benutzt. Daraufhin hatte der britische Nachrichtendienst noch vor Beginn der nächtlichen Großangriffe das Geheimnis des deutschen Systems erkundet. Die RAF hatte inzwischen ausreichend Zeit zum Aufbau einer Sonderorganisation für die Störung der Leitstrahlen.

Infolge der wirksamen Ausschaltung des »Knickebein« war die Luftwaffe gezwungen, einen weit stärkeren Gebrauch von ihrem Bombenabwurfgerät (X-Gerät) zu machen. Aus dieser Notlage entstand der Gedanke, durch die so ausgerüsteten Flugzeuge der Kampfgruppe 100 Brandbomben zur Beleuchtung des Zieles abwerfen zu lassen, um andere Besatzungen dort hinzuleiten. Die mit dem X-Gerät ausgerüsteten Flugzeuge dienten auf diese Weise als Pfadfinder für die ihnen folgenden übrigen deutschen Bomberverbände.

In der Nacht des 14. November 1940 hatte die Kampfgruppe 100 erstmalig ihre neue Rolle als Pfadfinder beim Angriff auf Coventry zu übernehmen. Die von ihr als Führungsverband verursachten Brände leiteten die Bomber aus allen Richtungen zum Ziel. Einer kam über die Wash, ein anderer über die Isle of Wight und ein dritter über Brighton eingeflogen. Es war eine klare Nacht, und die Bomberbesatzungen konnten im Mondlicht alle Einzelheiten der brennenden Stadt erkennen. An dem zehnstündigen Angriff waren 449 Bomber beteiligt, die 56 Tonnen Brandbomben, 394 Tonnen Sprengbomben und 127 Fallschirmminen abwarfen. Der größte Teil der Stadt wurde zu einer rauchenden Ruine; 21 wichtige Fabriken, darunter 12 direkt mit Flugzeugproduktion im Zusammenhang stehende, wurden schwer beschädigt. Beim Angriff wurden etwa 550 Menschen getötet und weitere 800 schwer verwundet. Es war ein bestürzendes Beispiel, was die Luftwaffe durch eine Pfadfindergruppe mit Präzisionsleitstrahlgeräten ausgerüstet anrichten konnte. Während der kommenden Monate lotste die Kampfgruppe 100 viele Angriffe. Der Coventry-Erfolg aber wurde nicht mehr wiederholt, da die RAF eine ständig wachsende Sperre von Störsendern errichtete.

In den Anfangsmonaten des Jahres 1941 wurden die deutschen Bomber zunächst in einer geringen Anzahl, dann aber doch in großem Umfang zur Vorbereitung des Angriffs auf Rußland nach Osten verlegt. Programmäßig sollten die Bomber 6 Wochen nach Beginn der Offensive im Osten wieder nach Frankreich zurückkehren, und zwar zur Wiederaufnahme der Nachtangriffe auf England. Was die Einschätzung der Dauer des Feldzuges im Osten betraf, war man viel zu optimistisch. Tatsächlich kehrte die Luftwaffe niemals wieder in ihrer ursprünglichen Stärke nach Frankreich zurück.

Die Verlegung nach Osten hatte in geringen Stückzahlen im Januar, Februar und März begonnen, um etwa 400 deutsche Kampfflugzeuge im verbündeten Rumänien zum Angriff auf Griechenland zu versammeln. Bei Kriegsbeginn hatten die Deutschen fest damit gerechnet, daß auch Jugoslawien mit ihnen sympathisieren würde, doch ein Staatsstreich am 27. März fegte die prodeutsche Regierung fort, so daß sich Hitler entschloß, auch dieses Land zur Sicherung seiner südlichen Flanke zu besetzen.

Weitere 600 Kampfflugzeuge wurden aus dem Westen herangezogen, um die Luftflotte 4 auf dem Balkan für die Offensive gegen Jugoslawien und Griechenland zu verstärken. Wieder einmal zeigte sich die außerordentliche Beweglichkeit der Luftwaffe: Innerhalb von 10 Tagen, nachdem der Befehl zur Verlegung der Luftstreitkräfte aus Frankreich gegeben worden war, hatte die Luftwaffe ihre neuen Basen eingerichtet und war wenigstens zur Hälfte einsatzbereit.

Am 6. April, Palmsonntag, schlugen die Deutschen auf dem Balkan los. Die Luftwaffe eröffnete ihren Angriff auf Jugoslawien am frühen Morgen mit einem Vernichtungsbombenangriff auf die Hauptstadt Belgrad. Eine Luftflotte von 150 Bombern und Stukas flog unter starkem Jagdschutz von den Flughäfen in Österreich und Rumänien in Formationen zum Angriff. Der Hauptschlag wurde in drei getrennten Wellen mit 15 Minuten Zwischenzeit geführt. Jede Welle warf etwa 20 Minuten lang ihre Bomben. So fiel beinahe 1¹/₂ Stunden lang ein ununterbrochener Regen von Bomben auf Belgrad. Die erste Welle wischte die schwache jugoslawische Luftflotte und die Flak hinweg, so daß die Stukas beliebig tief heruntergehen konnten, um ihre Ziele, die wichtigsten

Regierungsgebäude und das Stadtzentrum, zu treffen. Als der Angriff auf die nur schwach vorbereitete Stadt vorbei war, lagen 17 000 Tote in den Trümmern. Nach dem Vernichtungsschlag gegen die Hauptstadt konnten die Stukas zu ihren üblichen Zielen, den Verkehrsverbindungen, Truppenkonzentrationen und der nahen Erdkampfunterstützung übergehen. Wie schon in der Vergangenheit zeigte sich die Kombination von Luftvorbereitung mit den Panzervorstößen als unwiderstehlich: Nach 12 Tagen kapitulierten die Jugoslawen.

Der Angriff auf Griechenland war nicht weniger erfolgreich. Schon am ersten Abend traf eine Bombe das Munitionsschiff »Clan Frazer« im Hafen von Piräus und brachte die Ladung von 250 Tonnen Sprengstoffen zur Explosion, die den Hafen von einem Ende bis zum anderen verwüstete. Die Explosion war nach den Worten des Befehlshabers der britischen Flotte, Admiral Cunningham, ein erschütternder Schlag. Mit diesem Treffer wurden die Engländer ihrer einzig tauglich ausgerüsteten Basis, von der Nachschub zu den dortigen Truppen gelangen konnte, beraubt. Hierdurch schwer behindert, konnten die schwachen britischen und griechischen Streitkräfte lediglich Verzögerungsgefechte führen. Am 28. April war das gesamte griechische Festland, mit Ausnahme der strategisch bedeutenden Insel Kreta, etwa 60 Meilen im Süden, in deutschen Händen.

Der Befehlshaber der deutschen Luftlandetruppen, Generaloberst Kurt Student, trug als erster den Gedanken einer Luftlande-Invasion auf der Insel vor. Er erwähnte Göring gegenüber den strategischen Wert der Insel für einen zukünftigen Angriff auf Zypern und den Suez-Kanal. Göring gefiel der Gedanke, und er erhielt das Einverständnis Hitlers. So wurde der Angriff auf Kreta eine interne Luftwaffenangelegenheit. Der Generalstab des Heeres wurde nicht einmal gefragt oder auch nur konsultiert.

Für das Unternehmen wurden 530 Ju 52 und 100 Lastensegler im Raum von Athen, weitere 650 Kampfflugzeuge, Bomber und Aufklärer auf Basen in der Nähe von Kreta zusammengezogen. Vor dem Hauptangriff schalteten die deutschen Bomber gewohnheitsmäßig die britischen Flugplätze der Insel systematisch aus. Damit war die Szene vorbereitet.

Die Operation »Merkur«, der Luftangriff auf Kreta, begann am frühen Morgen des 20. Mai 1941. Nach einer intensiven Zermürbungsaktion durch He 111, Do 17 und Ju 87, die etwa eine Stunde dauerte, landeten die ersten Wellen von Fallschirmjägern und Lastenseglern in

Malme, Canea, Retina und Heraklion. Zunächst lief die Sache keineswegs glücklich für die Deutschen. Die Luftlandetruppen hatten schwere Verluste. Doch infolge der andauernden schweren Luftangriffe wurden die britischen Truppen genötigt, Gelände preiszugeben. Nachdem die Deutschen den Flugplatz von Malme erobert hatten, flogen die Ju 52 frische Truppen und Nachschub ein, während die ungestörte Luftwaffe eine wesentliche Versorgung ihrer Gegner verhinderte. Am 27. Mai informierte General Wavell Mr. Churchill mit den Worten: »Ich muß zugeben, daß Kreta nicht mehr länger gehalten werden kann!« Am folgenden Tage begann die Räumung der Insel.

Während der gesamten Schlacht um Kreta lag die Royal Navy mit den Stukas im Kampf, wobei es ihr gelang, alle deutschen Versuche, über See Verstärkung heranzubringen, zu verhindern. Jetzt mußte sie unter erheblichen Verlusten mehr als 16 000 übermüdete Soldaten einschiffen, bevor die endgültige Übergabe am 1. Juni stattfand. Die Verluste der britischen Flotte waren groß. Drei Kreuzer und sechs Zerstörer waren zum Teil schwer beschädigt.

Die deutschen Luftlandetruppen hatten ebenfalls schwere Verluste. Von 13 000 eingesetzten Soldaten waren 4500 Mann gefallen oder als vermißt gemeldet. Dazu waren 271 Ju 52-Transporter zerstört oder irreparabel beschädigt. Das war die Hälfte der eingesetzten Flugzeuge. Niemals wieder sollten die Deutschen eine Luftlandeoperation großen Stils vornehmen, denn nach den Worten von Generaloberst Student wurde Kreta »das Grab der deutschen Fallschirmtruppen«.

In den Jahren 1941 und 1942 sorgte die Luftwaffe für einen ständigen Druck auf Malta. Die gelegentlichen britischen Versuche, Nachschubgeleitzüge nach der Insel durchzubringen, hatten regelmäßig größere Gefechte zur Folge. Im Jahre 1942 planten die Deutschen und die Italiener ernsthaft die Luftinvasion der Insel. Doch die Angst vor Verlusten in der Gößenordnung wie in Kreta wog so schwer, daß der Plan nicht realisiert wurde. Malta war und blieb ein Stachel in der Flanke der Achsenmächte. Flugzeuge und U-Boote, die von der Insel aus eingesetzt wurden, forderten gleichbleibende Opfer an lebenswichtigen Versorgungsgütern für die Truppen in Nordafrika.

Hitlers Entscheidung, Rußland anzugreifen, hatte bei den Offizieren des deutschen Generalstabes schwere Bedenken ausgelöst. Sie sahen völlig klar, daß der daraus entstehende Krieg an zwei Fronten über die Kräfte der Nation gehen mußte. Göring versuchte mit allen Mitteln,

Hitler von diesem Kurs abzubringen. Doch Hitler war überzeugt, daß sich die Russen ihrerseits auf einen Krieg gegen Deutschland vorbereiteten. Er lehnte es ab, seinen einmal gefaßten Entschluß zu ändern.

Die deutschen Vorbereitungen für den Angriff auf Rußland hatten schon im Oktober 1940, kurz vor dem Ende der Tagesangriffe auf England, begonnen. Von da an bis zum Frühjahr 1941 hatten bereits Flugplatzbaukommandos der Luftwaffe den Befehl erhalten, die Flugplätze im besetzten Polen instandzusetzen. Als sich im März 1941 das Wetter besserte, wurde das Programm noch erheblich beschleunigt. Im Interesse der Geheimhaltung wurde die Mehrzahl der Fliegerverbände in Deutschland oder bis Anfang Juni auch noch in den besetzten Westgebieten zurückgehalten. Von da an wurden, in einem Zeitraum von nur drei Wochen, die für das Unternehmen vorgesehenen Kampfverbände schnell und unauffällig in die für sie vorbereiteten Basen im Osten überführt. Die Luftflotte 5 hatte den Nordabschnitt, die Luftflotte 1 den Mittelabschnitt und die Luftflotte 4 den Südabschnitt der Front zu übernehmen. Die Zusammensetzung der Luftmacht war folgende:

Langstreckenbomber	775
Stuka	310
Einmotorige Jäger	830
Zweimotorige Jäger	90
Aufklärer	710
Seeflugzeuge	55
	2770

Als der Angriff in der Morgendämmerung des 22. Juni 1941 losbrach, zahlten sich die vorangegangenen Sicherheitsmaßnahmen aus. Die Russen waren vollkommen überrascht. Wie schon immer in der Vergangenheit, war die Ausschaltung der gegnerischen Luftwaffe das vordringlichste Ziel der Luftwaffe. Die sowjetischen Flugzeuge wurden zu Hunderten, sauber in Reihen auf ihren Flugplätzen aufgestellt, aus der Luft vernichtet. Die offizielle sowjetische nach dem Kriege erschienene Veröffentlichung »Geschichte des großen Patriotischen Krieges der Sowjetunion« berichtet Einzelheiten über die angerichteten Verheerungen:

»Während der ersten Tage des Krieges führten gegnerische Bomberformationen heftige Angriffe auf 66 Flugplätze im Frontgebiet, vorzugsweise auf Basen, wo neue Typen sowjetischer Jäger stationiert waren. Das Ergebnis der Angriffe und heftigen Luftkämpfe war nach den Zahlen vom 22. Juni mittags für uns ein Verlust von 1200 Flugzeugen.

Hiervon wurden 800 am Boden zerstört.«

Da die sowjetische Luftflotte nicht mehr mit Erfolgsaussichten angreifen konnte, war es der Luftwaffe möglich, sich fast ganz auf die Erdkampfunterstützung des Heeres zu konzentrieren. Die erprobte und bewährte Taktik, alle verfügbaren Bombenflugzeuge, sowohl Langstrecken- als auch Stuka-Verbände, gegen die feindlichen Verkehrsverbindungen, Truppenansammlungen und auch gegen Erdkampfziele zusammenzuziehen, wurde nach in Polen und Frankreich bewährtem Muster wiederholt. Der schnelle Vormarsch der Armee durch das sowjetisch besetzte Polen und das westliche Rußland verlangte auch hier wieder die äußerste Beweglichkeit der Bodenorganisationen. Sie zeigte sich wiederum der gewaltigen Aufgabe gewachsen.

Ein besonderes Kennzeichen zu Beginn dieses Feldzuges war die außerordentliche Ausnutzung der Vorteile der intensiven Luftaufklärung. Aus der Luftflottenaufstellung ist ersichtlich, daß mehr als ein Viertel der bereitgestellten Flugzeuge Aufklärungsmaschinen waren. Die Luftwaffe war so in der Lage, den Heeresbefehlshabern ein bis ins einzelne gehendes und tatsächlich zutreffendes Bild über Feindstellungen und Bewegungen im Frontbereich und im rückwärtigen Raum zu geben. Das war ein entscheidender Vorteil in einem Blitzfeldzug, der auf größtmöglicher Beweglichkeit beruhte.

Trotz der Tatsache, daß annähernd die Hälfte aller Luftstreitkräfte der Luftwaffe in der Anfangsphase des Ostfeldzuges in Rußland zusammengezogen war, bedeutete die ungeheure Frontlänge von über 1600 km, daß die Deutschen nicht gleichzeitig überall gleich stark sein konnten. Die Erdkampfunterstützungsverbände mußten daher schnellstens, je nach Bedarf, von einem Frontabschnitt zum anderen geworfen werden, den jeweiligen vom Oberkommando gesetzten Prioritäten entsprechend.

Während des ganzen Sommers und Herbstes 1941 verlief der deutsche Vormarsch unaufhaltsam. In schneller Reihenfolge fielen in den großen Zangenbewegungen die Städte Brest-Litowsk, Minsk, Smolensk und Kiew. Doch waren diese Siege nicht immer leicht zu erkaufen, denn die deutsche Methode, alle Bombertypen für die Erdkampfunterstützung einzusetzen, hatte auch sehr schwerwiegende Nachteile. Die Luftwaffe lernte zu ihrem Leidwesen, daß die russische Gewohnheit, mit allen verfügbaren Waffen auf feindliche Flugzeuge zu schießen, auf lange Sicht große Verluste brachte. Die Verluste an einfacheren Flugzeugen, wie Stukas und Aufklärern, waren an sich schon schlimm genug, aber der dauernde Aderlaß bei den kostspieligeren He 111 und Ju 88 war doch so empfindlich, daß er durch Ersatzlieferungen nicht mehr ausgeglichen werden konnte. Ganz allmählich und zunächst kaum wahrnehmbar begann die Kraft der Luftwaffe zu schwinden.

Als das Wetter gegen Ende Oktober umschlug und die Panzerkolonnen im achsentiefen Schlamm zum Stillstand kamen, hatten die Deutschen Leningrad eingeschlossen und standen vor den Toren Moskaus. Die »Generale Schlamm und Winter« hatten hart zugeschlagen, bevor der von Hitler vorausgesagte totale Sieg errungen war. Die Härte des russischen Winters traf das deutsche Heer und die Luftwaffe unverständlicherweise völlig unvorbereitet. Abgesehen von richtiger Winterkleidung und angemessener Unterbringung fehlte die notwendige Ausrüstung, um Flugzeuge unter freiem Himmel und bei extremen Wetterbedingungen zu warten. Bei Temperaturen von 52 Grad minus froren Motore und Bordwaffen einfach ein. Infolgedessen sank die Einsatzfähigkeit der ohnehin geschwächten Kampffliegerverbände auf 30 % ab. Die Luftwaffe brauchte verzweifelt eine Atempause. Sie mußte sich den ungewohnten, extremen Umweltbedingungen anpassen, sich ausruhen und ihre durch Überbeanspruchung in der intensiven Einsatzzeit dezimierten Verbände wieder aufrüsten. Nichts von alledem sollte sie bekommen, denn am 5. Dezember begannen die Russen ihre Gegenoffensive.

Der Anfangserfolg der russischen Angriffe, die zeitweise die gesamte deutsche Front mit dem Zusammenbruch bedrohten, zwang die Luftwaffe unter verzweifelten Bedingungen, ihre Einsätze fortzusetzen. Sie war die letzte und einzige Möglichkeit, der bedrängten Front eine nennenswerte Entlastung zu verschaffen. Oft mußte jedes flugfähige Flugzeug, ob voll einsatzklar oder nicht, in die bedrohten Frontabschnitte geworfen werden. Immerhin machten die Russen einige wertvolle Geländegewinne. Es gelang ihnen bei Demyansk, einer etwa in der Mitte zwischen Moskau und Leningrad gelegenen kleinen Stadt, sechs deutsche Divisionen mit etwa 100 000 Mann abzuschneiden und einzukesseln. Eine derartige Truppe brauchte, um erfolgreich weiterkämpfen zu können, einen täglichen Nachschub von annähernd 300 Tonnen Versorgungsgütern. Es wurde entschieden, daß die Luftwaffe sie einfliegen sollte.

Die Luftversorgung von Demyansk, das erste jemals unternommene

Großversorgungsunternehmen, begann am 20. Februar 1942 mit dem Einflug von 40 schwerbeladenen Ju 52 in den Kessel, der dortigen sofortigen Entladung und dem Rückflug mit Verwundeten. Die Entfernung zum nächsten Luftbrückenkopf in Pleskau betrug 240 km, von denen 150 über Feindgebiet führten. Zunächst flogen die Transporter einzeln in geringer Höhe ein. Als jedoch das russische Flakfeuer und die Jäger immer unangenehmer wurden, gingen sie zu Formationsflügen mit 20 bis 40 Maschinen unter Jagdschutz über. Was als zeitweiliger Notbehelf angefangen hatte, entwickelte sich jetzt zur langwierigen Großunternehmung, denn es wurde schließlich Mai, bis der Belagerungsring gesprengt werden konnte. Mit Hilfe einer Notlösung, der Heranziehung aller Ju 52, einschließlich der von den Blindflugschulen aus Deutschland, gelang es der Luftwaffe schließlich, im Durchschnitt rund 300 Tonnen Nachschub täglich heranzuschaffen. Aber es war nur ein Pyrrhussieg, denn der Zwang zur Zusammenziehung von 600 einsatzbereiten Transportflugzeugen überbeanspruchte die Luftwaffe bis zum Äußersten. Bis zum Ende der Luftbrücke wurden 265 Flugzeuge zerstört. Bekanntlich schuf der Erfolg von Demyansk einen äußerst gefährlichen Präzedenzfall für die Zukunft.

Bis zum April 1942 hielten die Russen ihren Druck aufrecht. Dann setzte das Tauwetter ein. Der nun einsetzende Schlamm brachte für Freund und Feind alle Kampfhandlungen zum Stillstand. Im Sommer nahmen die Deutschen die Offensive wieder auf. Die reichen Ölfelder im Kaukasusgebiet waren das Ziel für 1942, doch mußte zuerst zur Sicherung der Südflanke die Halbinsel Krim mit der Festung Sewastopol genommen werden.

Das kampfgewohnte Fliegerkorps VIII unter Generaloberst von Richthofen hatte jetzt etwa 600 Flugzeuge. Dazu gehörten drei Gruppen Stukas, sieben Gruppen schwere Bomber und vier Gruppen Jäger. Dieser Verband war in der Vergangenheit stets an den Brennpunkten eingesetzt gewesen. Er war dafür bekannt, daß er äußerst erfolgreich in den Erdkampf eingriff. Aus diesem Grunde wurde er vom Mittel- in den Südabschnitt der Front verlegt.

Richthofen glaubte, den Angriff des Heeres am erfolgreichsten unterstützen zu können, wenn er die Kampfmoral des Gegners erschütterte. So wurden die sowjetischen Truppen im Raum von Sewastopol permanent unter dem äußersten Druck gehalten. Luftwaffe und Artillerie waren im Dauereinsatz. Der Angriff erfolgte dann am 2. Juni und

Oben Der Oberbefehlshaber der neuen Luftwaffe, Hermann Göring, war mit 20 Luftsiegen ein erfolgreicher Kampfflieger des Ersten Weltkrieges. Bei Kriegsende war er Kommandeur des Richthofen-Geschwaders.

Rechts Erhard Milch, der Architekt der neuen Luftwaffe und Görings rechte Hand bei ihrem Aufbau.

Oben Die Angehörigen der neuen Luftwaffe wurden zunächst vom Personal der Lufthansa ausgebildet. Man bediente sich dabei auch der Maschinen dieser deutschen Luftver-
kehrsgesellschaft. Die Abbildung zeigt eine Verkehrsmaschine der Lufthansa, eine Ju G
38, in Croydon im Jahre 1932.

Unten Eine Formation Seeflugzeuge Heinkel 60 mit zivilen Kennzeichen. Diese Aufnahme stammt aus der Zeit vor der offiziellen Erklärung der deutschen Lufthoheit.

Das Schwergewicht der neuen Luftwaffe lag zunächst auf der Ausbildung, für die die Hälfte aller Flugzeuge bestimmt war. *Oben* Das Flugzeug für die Grundausbildung war die Focke-Wulf 44 »Stieglitz«. *Unten* Der Ausbildung von Besatzungen diente die Focke-Wulf 58 »Weihe«.

Die ersten Kampfflugzeuge: *Oben* Die Jagdmaschine Heinkel 52 hier zum Jagdgeschwader 132 gehörend. *Unten* Bomber Ju 52 vom Kampfgeschwader 152 mit nach unten ausgefahrener MG-Kanzel, die »Ascheimer« genannt wurde.

Oben und *unten*   Bomber Dornier 23 in Formation, hier zum Kampfgeschwader 253 gehörend.

Aufklärungsflugzeuge: *Oben* Die Heinkel 46, ein Eindecker mit Schirmflügeln, war anfangs das Flugzeug der Nahaufklärungsverbände. *Unten* Die Heinkel 70 F, ein schnelles Aufklärungsflugzeug, das nur in geringer Anzahl gebaut wurde.

Oben und *unten*   Die Dornier 19, die deutsche Konstruktion eines viermotorigen Bombers aus dem Jahre 1936, dessen Produktion bald wieder aufgegeben wurde.

Diese Bilder zeigen das Schauspiel der deutschen Vorkriegsparaden. *Oben* Göring grüßt mit erhobenem Marschallstab die Standarten der Luftwaffe. *Rechts* Ein Verband Dornier 17 zieht mit starken Rauchwolken über das Nürnberger Parteitagsgelände.

Oben Eine Focke-Wulf 200, das Flugzeug Adolf Hitlers. Diese Maschine war (nach englischer Ansicht) mit einem gepanzerten Sitz für den Führer ausgerüstet. *Unten* Hitlers Ankunft in Wien nach dem Einmarsch im März 1938. Links von Adolf Hitler der Befehlshaber des Heeres, Generaloberst von Bock, rechts Erhard Milch, Generaloberst der Luftwaffe.

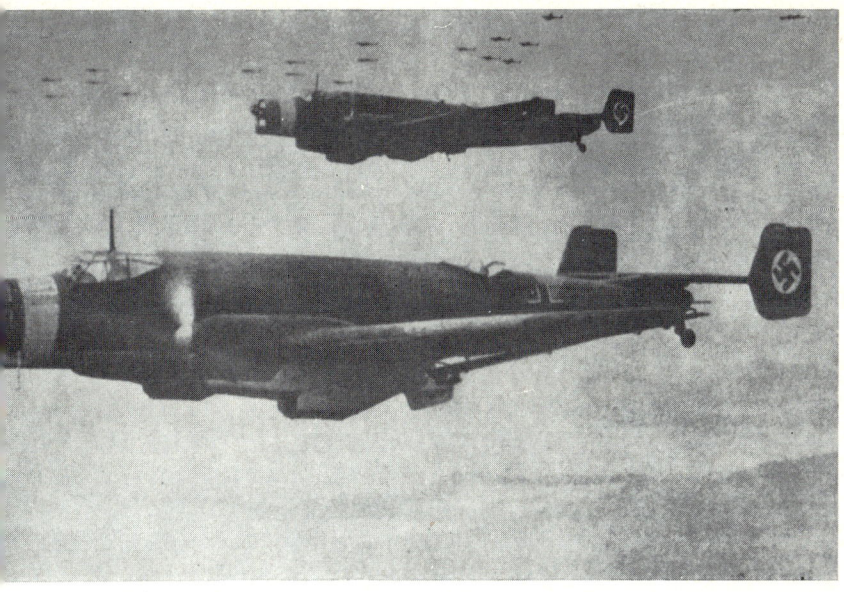

Oben Im Jahre 1936 wurde die Junkers 86 in Dienst gestellt. Ihre Dieselmotoren waren für den Einsatz als Bomber unbefriedigend. Bei Kriegsbeginn war sie bei den Bomberverbänden bereits ersetzt.

Unten Die Deutschen hatten bereits im Jahre 1936 mit Radarversuchen begonnen. Schon 1938 hatten sie das Radarfrühwarngerät »Freya« im Dienst, das in mancher Beziehung dem britischen »Chain Home«-Gerät überlegen war.

Die ersten Kampfflugzeuge der neuen Generation der Luftwaffe:
Links oben Die Messerschmitt-Konstruktion Bf 109B. *Links unten* Blick in das Cockpit der Bf 109B.

Oben Die Stuka (Sturzkampfflugzeuge) Henschel 123, hier des Stuka-Geschwaders 165. Es war der erste deutsche Typ, der für diese neue Angriffstaktik in Dienst kam. *Unten* Die Hs 123 wurde später bei vielen Stuka-Verbänden durch die Ju 87 ersetzt.

Der spanische Bürgerkrieg brachte der Luftwaffe unschätzbare Kampferfahrung. *Links oben* Generalmajor Hugo Sperrle, der Kommandeur der Legion Condor in Spanien. *Unten* Die Dornier 17 E über Spanien.

Die Luftwaffe erreichte die Luftüberlegenheit in Spanien durch den Einsatz ihrer neuesten Typen. *Oben rechts* Eine Heinkel 111 im Einsatz. *Unten rechts* Auflösung zur Landung einer Formation He 111 nach einem Einsatz.

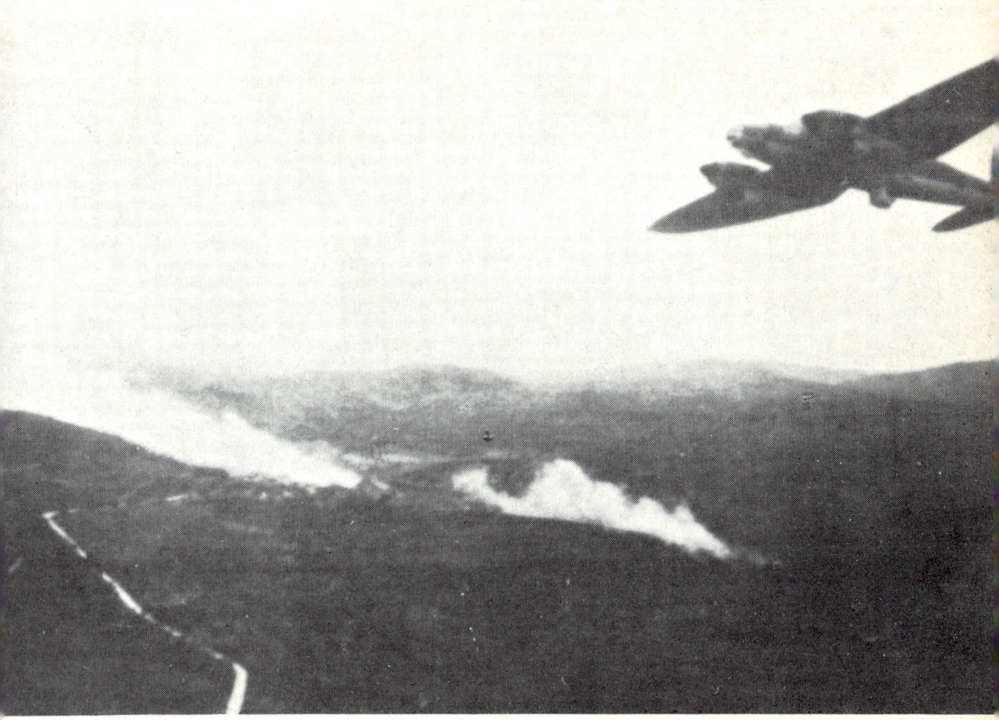

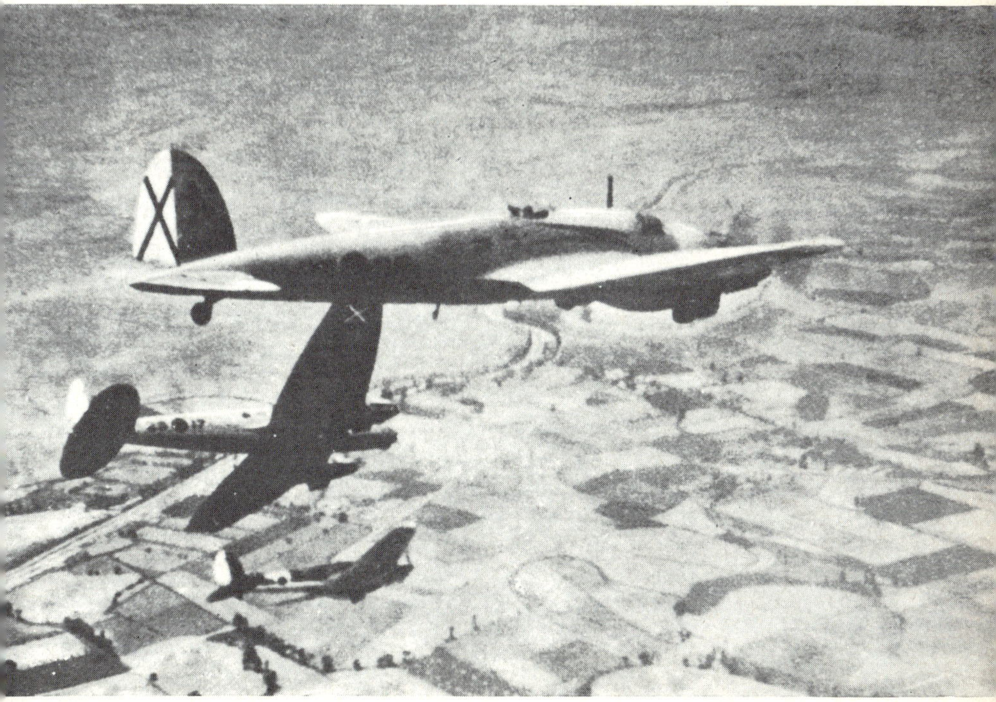

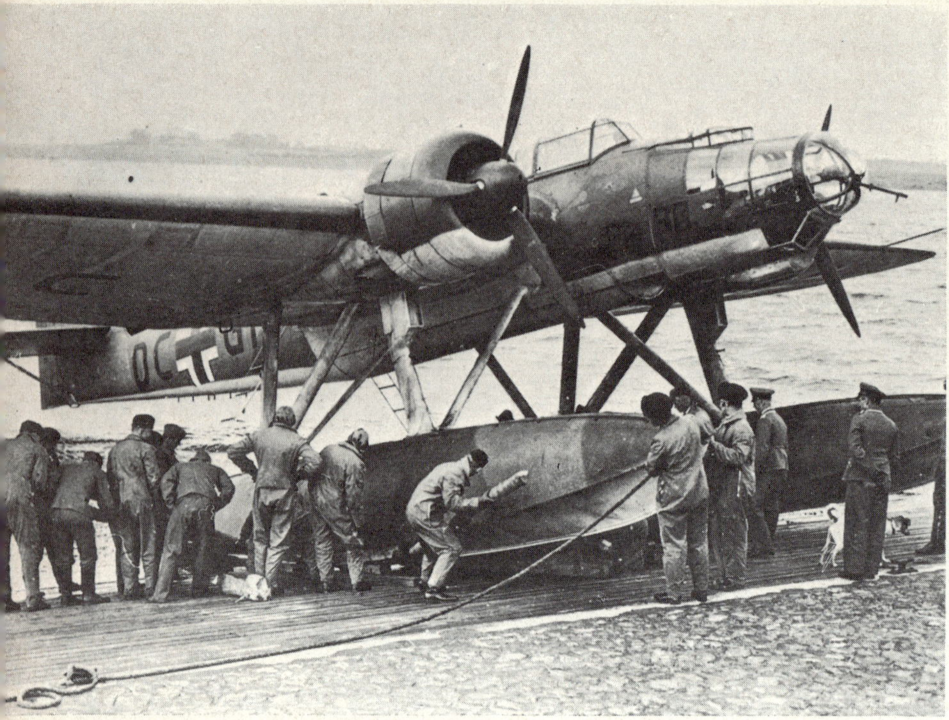

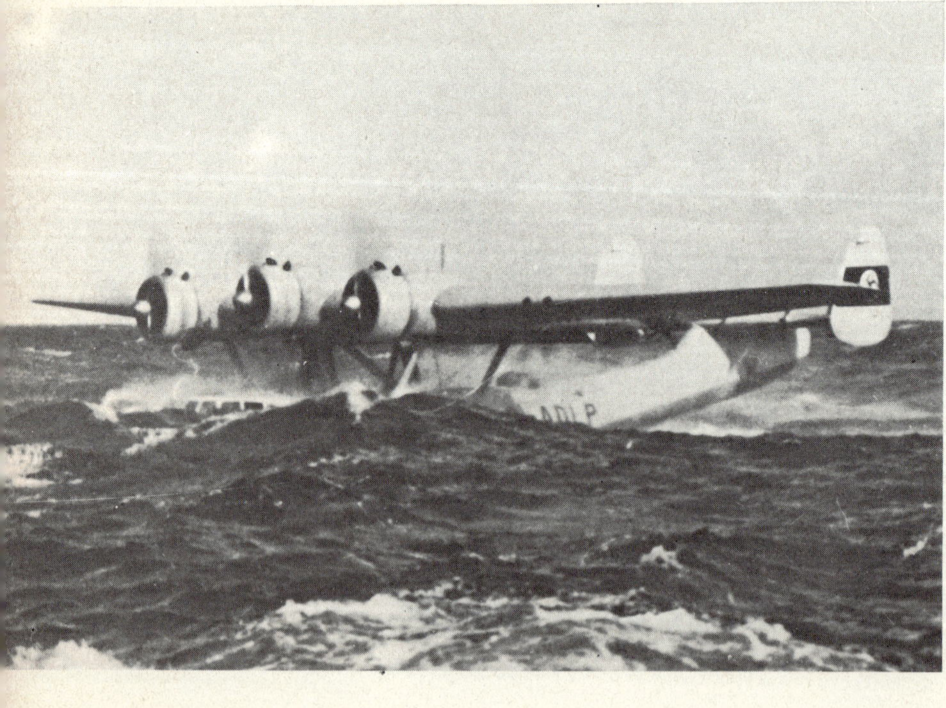

Seeflugzeuge der Luftwaffe: *Links oben* He 115 Minen- und Torpedo-flugzeug. *Links unten* Aufklärungs-flugboot Do 24 in schwerer See.

Oben Do 17 E in Formation.
Unten Do 17 E mit schwarzer Kreisbe-malung zur Kennzeichnung beim Manöver.

Oben Das Sturzkampfflugzeug Ju 87 erwies sich beim Polenfeldzug als überragender Erfolg. *Unten* Das Bodenpersonal der Luftwaffe macht Aufklärer Do 17 der Aufklärungsgruppe 22 startklar.

Oben Beladung einer He
111 mit Bomben. Die Sirenen
aus Pappe an den Steuerflä-
chen der Bombe, die zunächst
die Moral des Gegners er-
schütterten, sind deutlich zu
erkennen.
Unten Eine He 111 beim
Abwurf einer Bombenreihe.

Nach dem Ende des Polenfeldzuges trat auf beiden Seiten der »phoney war« (der soge-
nannte unechte Krieg) ein. Eine der wenigen bedeutenden Kampfhandlungen in dieser
Zeit fand am 18. Dezember 1939 statt.
Oben Bf 109 und Bf 110 führten einen gutvorbereiteten Verteidigungskampf gegen die
Wellingtons der RAF beim Überfall auf Wilhelmshaven, bei dem 12 von 24 angreifenden
Wellington-Bombern abgeschossen wurden. *Unten* Deutsche Soldaten bewachen das
Wrack eines bei diesem Kampf abgeschossenen Bombers.

Beim Feldzug gegen Norwegen und Dänemark kam es zu den ersten jemals durchgeführten Luftlande-Operationen.   *Oben*   Fallschirmtruppen der Luftwaffe in den Vorbereitungen zum Einsatz.   *Unten*   Die Langstreckenversion der Bf 110 zeigte sich im Anfang
des Feldzuges besonders nützlich, um die Luftüberlegenheit zu gewinnen.

Oben He 111 der 3. Gruppe des Kampfgeschwaders 26 operieren während des Norwegenfeldzuges von einem zugefrorenen See in der Nähe von Drontheim aus.
Unten Zwei britische Schiffe, die bei der Räumung von Narvik von der 3. Gruppe des Kampfgeschwaders 26 entdeckt und zerstört wurden.

Zur Eroberung des belgischen Forts Eben Emael wurden Lastensegler eingesetzt.
Oben　Der Lastensegler DFS 230 für den Stoßtrupptransport.
Unten　Luftwaffen-Sturmpioniere nach der Eroberung des Forts.

Im Morgengrauen des 10. Mai 1940 griff die Luftwaffe britische, französische, belgische und holländische Flugplätze an und zerstörte viele Flugzeuge am Boden. *Oben* Versuche, die deutschen Angriffe durch die schwachen und schlecht organisierten Verteidigungskräfte abzuwehren, hatten kaum Erfolg. Ein deutscher Soldat inspiziert eine abgeschossene Hurricane. *Unten* Do 17 des Kampfgeschwaders 2 in Schlachtformation.

Oben   Das Bodenpersonal der Luftwaffe versorgt eine He 111 mit Bomben. Die Bombe wird mit der Spitze voran in den Schacht geladen.
Unten   Kampfflugzeuge Ju 88 werden zum Einsatz startklar gemacht.

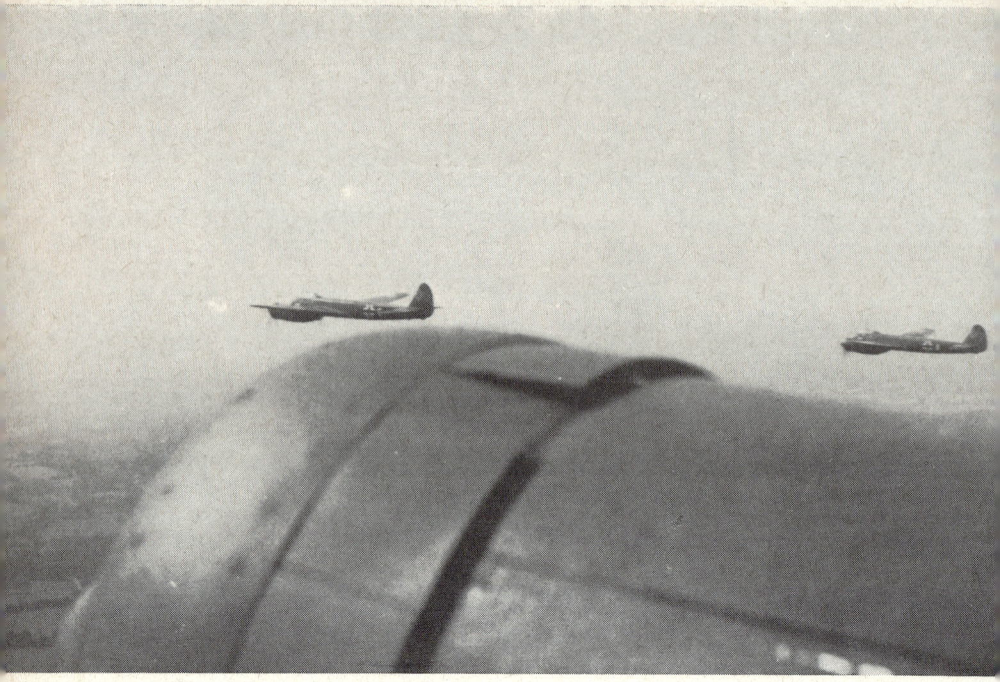

Oben   Kampfbomber Ju 88 gehen über Frankreich auf Angriffshöhe.
Unten   Do 17 in Angriffsformation.

Oben und *unten*   He 111 in Schlachtformation. Fachleute glaubten bis Kriegsanfang, daß das Kreuzfeuer einer geschlossenen Bomberformation zur Abwehr der Jäger ausreiche. Alle Luftmächte erfuhren schließlich, daß diese Theorie falsch war.

Links Deutsche Luftwaffenbefehlshaber während der Schlacht um England. Von links nach rechts: der Chef des Generalstabes der Luftwaffe, Generaloberst Hans Jeschonek, der Befehlshaber der Luftflotte 2, Generalfeldmarschall Albert Kesselring, der Chef des Stabes der Luftflotte 2, General Speidel, der Kommandeur des II. Fliegerkorps, General Bruno Loerzer.

Oben Das Versagen der Bf 110 als Geleitjäger, weil es ihr gegenüber den britischen einmotorigen Jäger an Wendigkeit mangelte, war eine große deutsche Enttäuschung.

Gelegentlich gelang es deutschen Tag-Bombern, die Abwehr zu durchbrechen und das Gebiet von London zu erreichen. *Links* Eine He 111 über der Londoner City.
Oben Nach einem Bombenangriff brennen die Öltanks von Newhaven an der Themse.

Das Jägerkommando der RAF begegnete den deutschen Tagesangriffen mit vollem Einsatz. *Links oben* Eine He 111 unter Jägerbeschuß. *Links unten* Eine Do 17 wird von einem britischen Jäger verfolgt. *Oben* Eine mit brennendem Motor abstürzende Do 17. *Unten* Eine über England abgeschossene He 111 des Kampfgeschwaders 26.

Oben Diese schwerbeschädigte He 111 gehörte zum Kampfgeschwader 54.
Unten Nach der Niederlage der deutschen Bomber über England begannen Angriffe mit der Bf 109 als Kampfbomber; dieses Flugzeug konnte allerdings nur eine Bombe tragen. Der Erfolg war gering.

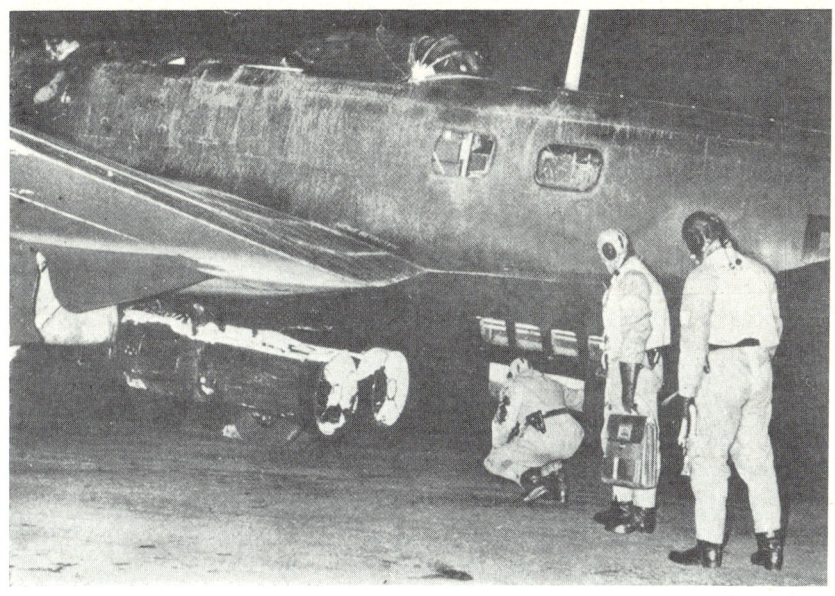

Oben   Die Besatzung einer He 111 des Kampfgeschwaders 4 geht an Bord der mit zwei schweren Bomben beladenen Maschine.
Unten   Eine Ju 88 mit vier unter den Tragflächen aufgehängten Bomben rollt zum Start.

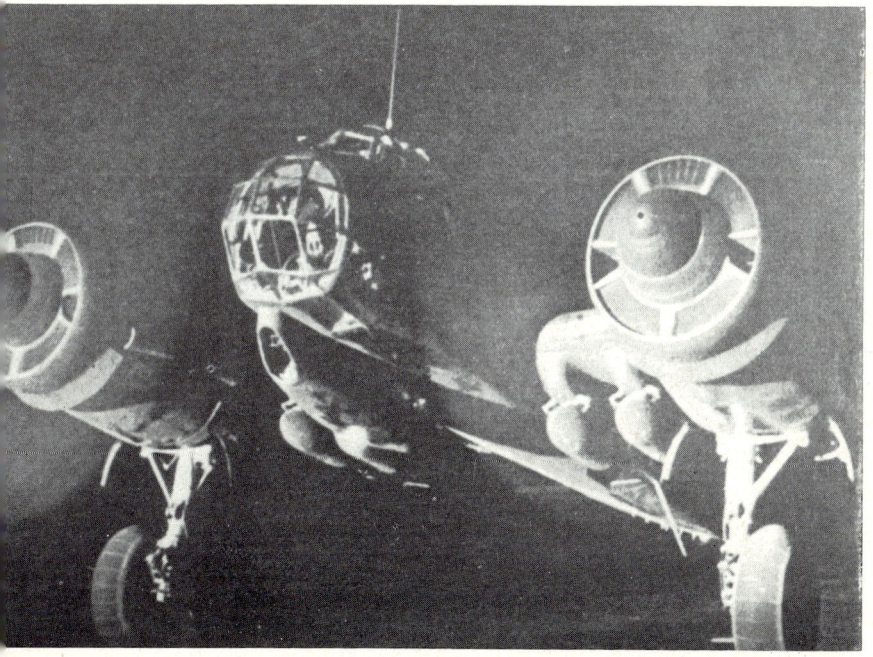

Links oben Nachtstart einer He 111 gegen England. *Links unten* In der Nacht vom 14. November 1940 führte der mit dem X-Gerät ausgerüstete »Pfadfinder-Verband« der Kampfgruppe 100 die Bomberflotte zum Vernichtungsangriff auf Coventry. Die Abbildung zeigt eine abgeschossene He 111, an deren Rumpf die zwei Sonderantennen für das X-Gerät zu erkennen sind.

Oben Oberst Edgar Petersen führte die Schiffsbekämpfungsflugzeuge des Kampfgeschwaders 40, die den schlechtgeschützten Geleitzügen im Jahre 1940 und Anfang 1941 schwere Verluste zufügten.

Die Besatzung einer Condor des Kampfgeschwaders 40 geht zu einem Überseeflug an Bord.

Oben Eine Fw 200 Condor des Kampfgeschwaders 40 über See. Diese Flugzeuge fügten in ihren besten Tagen der Schiffahrt schwere Verluste zu, aber es war selten, daß mehr als acht dieser empfindlichen Maschinen einsatzklar waren. *Rechts* Zwei unmittelbar an der Bordwand liegende Explosionen, die durch Bomben einer Condor verursacht wurden. Das angreifende Flugzeug befand sich zum Zeitpunkt dieser Aufnahme in nur geringer Höhe über den Mastspitzen des Schiffes.

Am Abend des 17. Januar 1940 starteten 11 He 111 des Kampfgeschwaders 26 von Benghasi zu einem erfolglosen Angriff auf die Schiffahrt im Suez-Kanal. Die Heinkel hatten beim Rückflug starke Gegenwinde, so daß der Treibstoff nicht ausreichte und die Maschinen in der Wüste notlanden mußten. Nur eine Maschine kam nach Benghasi zurück. Die Aufnahme zeigt rechts den Geschwaderkommodore, Major Martin Harlinghausen, links den Flugzeugführer, Hauptmann Robert Kowalewski vor der notgelandeten Maschine, bevor sie in Brand gesetzt wurde. Danach trat die Besatzung den Marsch zur Küste an, ohne Wasser und kaum Brot, aber mit einer Flasche Cognac. Nach fünftägigem Marsch durch die Wüste hatten die verdurstenden, dem Tode nahen Männer das Glück, von einer Ju 52 entdeckt und aufgenommen zu werden.

Der Balkanfeldzug im Frühjahr 1941 zeigte, daß die Luftwaffe auch nach der verlustreichen Schlacht um England immer noch hart zuschlagen konnte. *Oben* Das Anlassen von Hand einer Bf 109 für den Motorprobelauf. *Unten* Die Langstreckenversion der Bf 110 des Zerstörergeschwaders 26 erwies sich auch bei diesem Feldzug erneut als wertvoll.

Oben links Der Kommandeur der Luftlandedivision der Luftwaffe, Generaloberst Student, vertrat den Gedanken einer Luftlandeeroberung der Insel Kreta. Trotz geglückter Unternehmung waren die Verluste an Menschen und Flugzeugen so hoch, daß eine Luftlandeoperation großen Stils nicht wieder stattfand. *Unten* Eine Ju 52 geht nach Flak-Beschuß brennend zu Boden.

Oben rechts Ein Jagdgeschwader, das es in Wirklichkeit niemals gab. Die Propaganda wollte zeigen, daß sich bereits eine große Zahl der Jäger He 100 im Dienst befände, obwohl nur eine Handvoll je gebaut wurde. Die zwölf Versuchsmodelle wurden mit gefälschten Verbandskennzeichen in Linienaufstellung aufgenommen. Bei der Veröffentlichung wurde sie als He 113 bezeichnet. *Unten rechts* Eine umgemalte Heinkel mit Wappen einer fiktiven Nachtjägereinheit. Der Trick war erfolgreich, denn viele alliierte Piloten meldeten Kampfhandlungen mit der He 113.

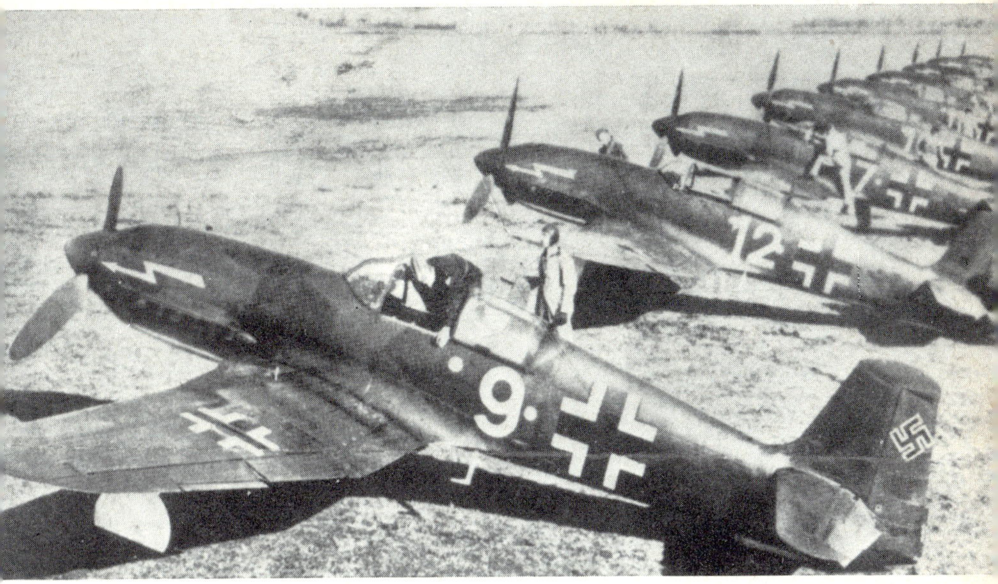

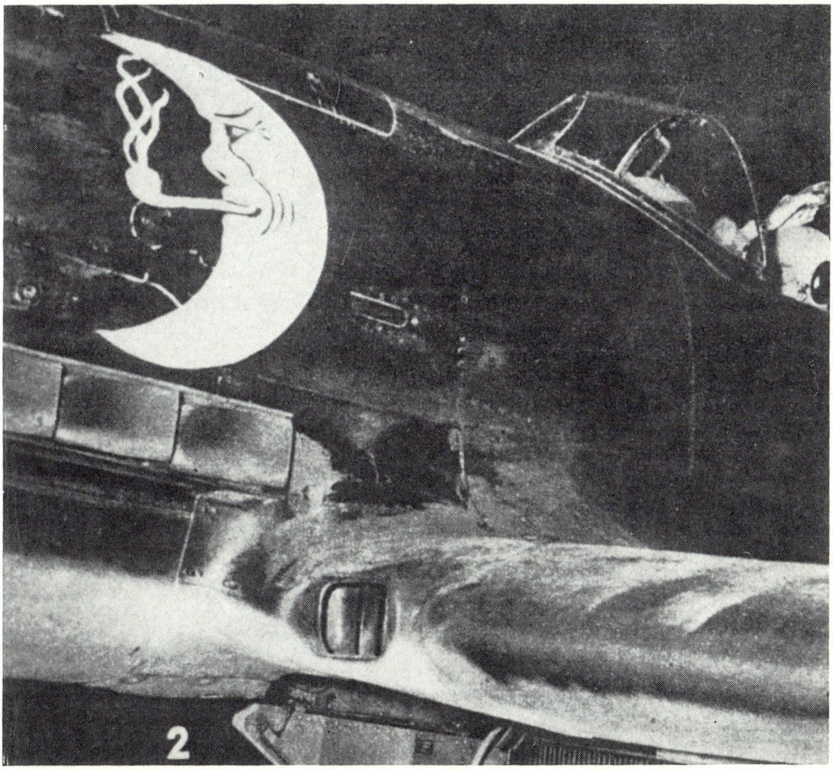

2

Oben Hanna Reitsch. Sie war eine berühmte Pilotin und testete für die deutsche Luftwaffe eine Vielzahl neuer Maschinen. *Unten* Hitler verlieh ihr für ihre Verdienste das Eiserne Kreuz.

Härteste Luftkämpfe fanden bei dem Versuch der Engländer statt, Versorgungsgeleitzüge durch die Blockade nach Malta zu bringen. *Oben* Eine Ju 88 des Kampfgeschwaders 30, die an den Kämpfen beteiligt war. *Unten* Deutsche Aufnahme eines Flugzeugträgers und eines Kreuzers, die durch starke Kursänderungen verzweifelt versuchen, die Bomben auszumanövrieren. Zur Abwehr diente künstlicher Nebel und Flakfeuer.

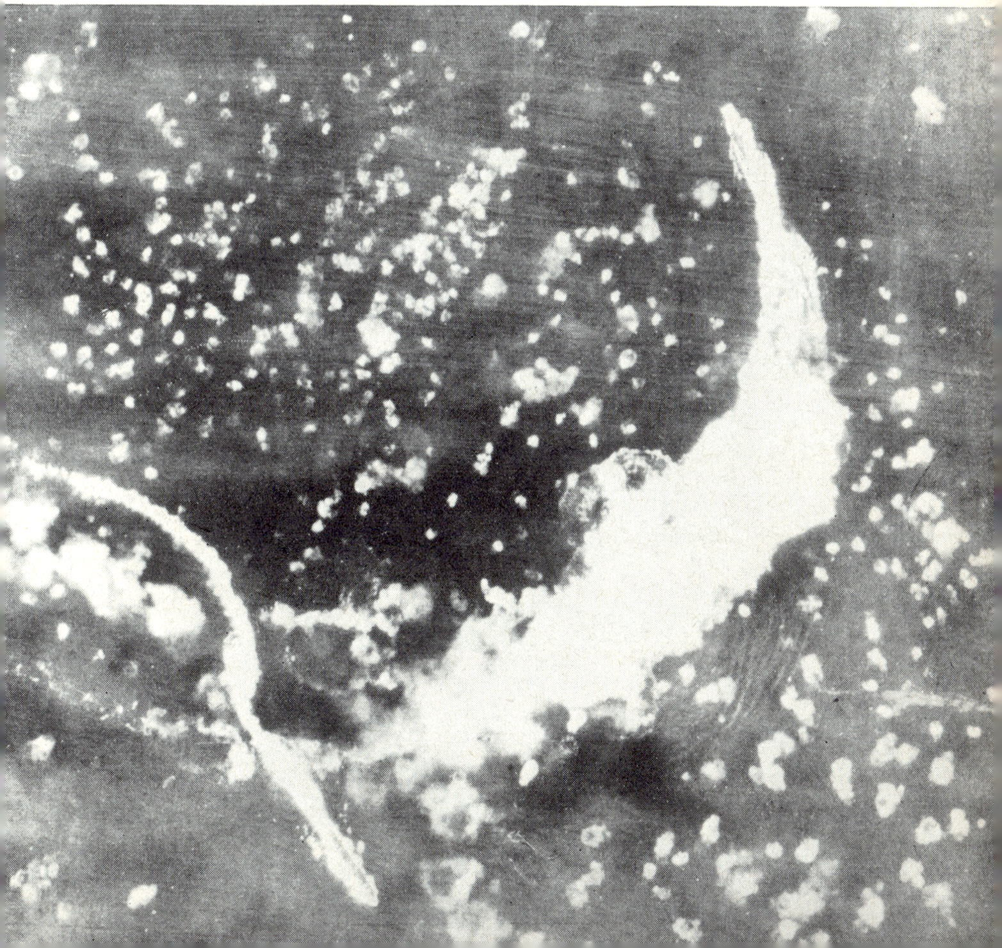

Der Beginn des Rußlandfeldzuges wurde durch intensive Luftaufklärung gekennzeichnet. Die Henschel 126 (oben) und die Focke-Wulf 189 (unten) wurden dabei als Nahaufklärer eingesetzt.

Oben Eine Fieseler 156 startet von einer Rollbahn in Rußland. Dieses Flugzeug wurde im Sommer 1941 in großem Umfang bei der Heereskoordination und Nachrichtenübermittlung eingesetzt.

Unten In den Anfangsphasen des Rußlandfeldzuges konnte die Luftwaffe der Roten Luftflotte am Boden und in der Luft schwere Verluste zufügen. Soldaten des Bodenpersonals malen hier einen weiteren Siegesbalken auf das Seitensteuer einer Bf 109.

Beladen einer Ju 87 (oben) und einer He 111 (unten) mit Bomben, die für den Einsatz in Rußland bestimmt waren. Die Ju 88 (oben rechts) wurde als Sturzkampfbomber und Aufklärer in großer Anzahl an der Front in Rußland eingesetzt. – Zum Ausbau eines Motors einer Ju 88 benutzte man mobiles Hebezeug (unten rechts).

Die Generäle »Schlamm« und »Winter« schlugen zu, bevor die deutschen Truppen den entscheidenden Sieg in Rußland erringen konnten. *Oben* Der Versuch, eine im Schlamm abgesunkene Ju 88 wieder flott zu machen, indem man aufpumpbare »Luftsäkke« unter ihre Tragflächen schob. *Unten* Eine im Schnee versunkene, vollaufgetankte Bf 109, die bei der russischen Gegenoffensive aufgegeben werden mußte.

Die Gewohnheit russischer Truppen, mit allen verfügbaren Waffen auf feindliche Flugzeuge zu schießen, hatte zwar großen Munitionsverbrauch zur Folge, verursachte aber auf lange Sicht auch erhebliche deutsche Flugzeugverluste. Die Abbildung zeigt russische Soldaten bei der Besichtigung einer abgeschossenen Bf 109 (oben).
Deutschlands Verbündete, mit Ausnahme Italiens, wurden im Kriegsverlauf immer abhängiger von der deutschen Flugzeugproduktion. Diese Bf 109 (unten) wurde von der rumänischen Luftwaffe geflogen.

Im Jahre 1941 kamen zwei sehr wichtige Typen der Luftwaffe an die Front: Die Focke-Wulf 190 (oben), eine vollkommen neue Konstruktion, und die Dornier 217, eine stark verbesserte Weiterentwicklung der Do 17.

Oben Die Me 210 war zum Austausch der Bf 110 als Weitstreckenjäger und Kampfbomber und gleichzeitig als Ersatz der Ju 87 als Sturzkampfbomber und Schlachtflugzeug
gedacht. Tatsächlich aber kam erst ihr Nachfolger, die wesentlich verbesserte Me 410 im
Jahre 1943 in geringen Stückzahlen an die Front.   *Unten* Die He 177 sollte als schwerer Bomber die Fw 200, die He 111 und die Mehrzahl der Ju 88-Bomber ersetzen.
Entgegen ihrem äußeren Bild war sie tatsächlich eine viermotorige Maschine mit je zwei in
einer Gondel hintereinander angeordneten gekuppelten Motoren. Diese Anordnung verursachte dauernd Störungen. Deshalb kam die He 177 nicht vor Ende 1943 in nennens-
werten Stückzahlen zum Einsatz.

Die Deutschen waren im Kriege an erbeuteten Flugzeugen äußerst interessiert. Hier wird eine ins Meer abgestürzte Whitley gehoben und an Land gesetzt.

Diese Stirling mit der beschädigten Bugkanzel (oben) wurde nach einer Zwangslandung im besetzten Europa erbeutet. Nach Verkleidung der Bugkanzel mit einem Segeltuchbezug und Aufmalung der Hoheitszeichen (unten), wurde sie bei der Erprobungsstelle der Luftwaffe in Rechlin eingehend getestet.

Oben Eine He 111 wird auf dem Übungsplatz in Großenbrode mit Übungstorpedos beladen. Diese Flugzeuge brachten den Geleitzügen, die Munition um das Nordkap transportierten, schwere Verluste bei. *Unten* He 111 des Kampfgeschwaders 26 und Ju 88 des Kampfgeschwaders 30 beim Angriff auf den Convoy PQ-18.

Der Krieg in Nordafrika erreichte im Jahre 1942 seinen Höhepunkt. Zwei deutsche Luftwaffenverbände waren hier besonders stark engagiert: das Jagdgeschwader 27 mit Bf 109E (oben) bzw. später Bf 109F und das Stuka-Geschwader 3 mit Ju 87 (unten).

Die Ju 52 (oben) trugen bei dem unglücklichen Versuch, die deutschen Heeresteile in Stalingrad zu versorgen, die Hauptlast und erlitten die schwersten Verluste. Später wurden Versorgungskanister mit Fallschirmen abgeworfen (unten).

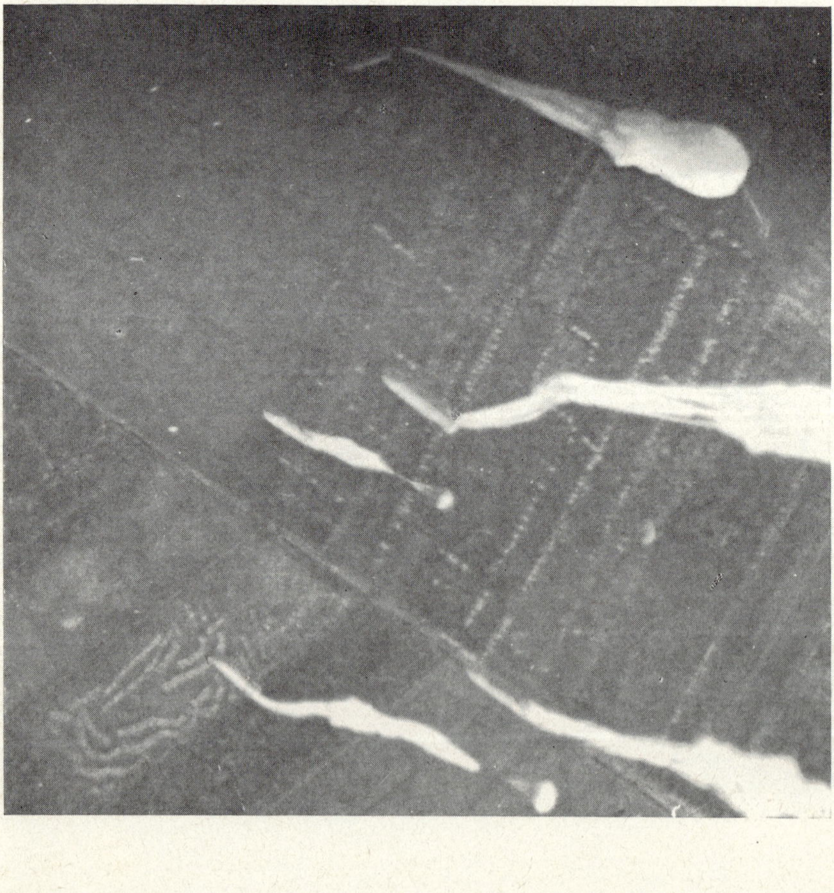

Die Ju 88 und die He 111 sollten durch zwei hochentwickelte Bombertypen mit hoher Spitzengeschwindigkeit und großer Flughöhe bei mittlerer Reichweite ersetzt werden, und zwar durch die Junkers 288 (oben) und die Focke-Wulf 191 (unten). Anfang 1943 waren beide Typen in der Erprobung, litten aber an noch erheblichen Kinderkrankheiten. Deshalb und wegen der wachsenden Knappheit an Aluminium und Nichteisenmetallen wurde ihre Produktion aufgegeben.

Generalfeldmarschall Milch, zweiter von rechts, erreichte die bedeutende Steigerung der Flugzeugproduktion zwischen 1942 und 1944. Hier befindet er sich im Gespräch mit Göring und, ganz rechts, Oberst Petersen, dem Leiter der Luftfahrtforschung.

Focke-Wulf 190 auf dem Fließband in Marienburg.

In der Anfangsphase der Schlacht um Tunis konnte die Luftwaffe zeitweise eine gewisse Luftüberlegenheit über die alliierten Luftflotten erringen. Daran waren besonders die Stuka Ju 87, hier von fünf italienischen Jägern eskortiert (oben), und die Hs 129, die auf der Abbildung unten vorgeschobene britische Stellungen im Tiefflug angreifen, beteiligt.

Für die Unterstützung der deutschen Seestreitkräfte im Mittelmeer wurden hauptsächlich zwei Flugzeugtypen eingesetzt: die Arado 196 und die Ju 52. Die Arado 196 (oben) ein Seeaufklärer, wurde häufig zur U-Bootbekämpfung herangezogen. Eine spezielle Konstruktion war die Ju 52 (unten) mit Magnetwicklungsring zur Zündung von Magnetminen aus der Luft.

Die während des Afrikafeldzuges erforderlichen Truppenverschiebungen wurden vor allem durch die Transportmaschinen Ju 52 (oben) und die sechsmotorige Me 323 (unten) bewältigt.

Gegen Ende des Afrikafeldzuges gewannen die Alliierten mehr und mehr die Lufthoheit über diesem Raum. Die Ju 52 (oben) mußte durch die Bf 110 eskortiert werden. Doch der Schutz versagte sehr oft, wenn die Angriffe auf die Transporter, hier eine Me 323 (unten), zu intensiv wurden.

Außer in der Anfangs- und Endphase des Ostfeldzuges wurden die He 111-Verbände fast pausenlos als Schlachtflieger zur Unterstützung des Heeres gebraucht. Sie erlitten dabei schwere Verluste. *Oben* Eine He 111 auf dem Bombendepot eines Flugplatzes in Rußland. *Unten* Eine der schweren Bomben, die von einer He 111 aufgenommen wird.

Oben und *unten*   He 111 über Rußland. Die Maschine oben gehört zum Kampfgeschwader 33.

An der Ostfront wurden zur Bekämpfung der gegnerischen Bodentruppen aus der Luft Spezialflugzeuge benötigt. Für diesen Zweck war die Henschel 129 (links oben) gedacht. Einige dieser Maschinen waren mit der Schnellfeuerkanone MK-103 ausgerüstet. Sie glich der links unten abgebildeten Waffe und verfeuerte Granaten mit einem Tungsten-Kern von über einem Pfund Gewicht mit einer Geschwindigkeit von 800 m/sec, die die verhältnismäßig schwache Panzerung der Seiten und des Hecks der russischen Tanks damit durchschlagen konnten.

Oben Eine Ju 87 ausgerüstet mit zwei 3,7 cm-Flak-18-Kanonen unter den Tragflächen.
Unten Eine Ju 88 A 13, eine gepanzerte Version des meistverwandten Bombertyps. Die Maschine hatte unter dem Rumpf zwei »Gießkannen«-Türme, die je 4 Maschinengewehre zum Feuern nach vorne und nach unten aufnahmen; darüber hinaus waren vier weitere zum Feuern nach achtern und nach unten vorhanden.

Während der alliierten Invasion auf Sizilien hatten die Deutschen große Mühe, der
Zerstörung ihrer Flugzeuge am Boden zu entgehen. Um weitere Verluste zu vermeiden,
wurden die Kampfbomber Fw 190 von Sizilien in den Raum von Neapel zurückverlegt.

Im Sommer 1943 schickten die Deutschen häufig ihre Jäger Ju 88 in den Kampf gegen die alliierten U-Bootbekämpfungsflugzeuge in die Biskaya. Das Küstenkommando der RAF sandte darauf Beaufighter- und später Mosquito-Jäger dorthin. Hier stürzt eine Ju 88 nach Beschuß durch britische Jäger brennend ins Meer.

Im Juni 1943 hatte die deutsche Nachtjagdabwehr eine zahlenmäßige Stärke von 554 Flugzeugen. Es waren größtenteils Bf 110 und Ju 88; hinzu kamen einige Do 217 (oben). Das »Jägerleitschiff« Togo (unten) diente zur Verstärkung des »Himmelbett«-Systems. Es hatte die Küsteneinflugwege zu den Zielen im Reich abzudecken. Nach der Neutralisierung des »Himmelbett« durch das britische »window« wurde die Togo in der Ostsee als Jägerleitschiff gegen die russischen Nachtbomber eingesetzt, die das »window« nicht anwandten.

Beim Verfahren »Wilde Sau« mußten deutsche Jäger – in der Abbildung oben einmotorige Nachtjäger Bf 109 – die von Scheinwerfern am Ziel angstrahlten britischen Bomber optisch erkennen und angreifen.
Unten Göring besichtigt Besatzungen, die am »Wilde Sau«-Verfahren teilgenommen hatten. Links von ihm der Erfinder dieser Taktik, Hauptmann Herrmann.

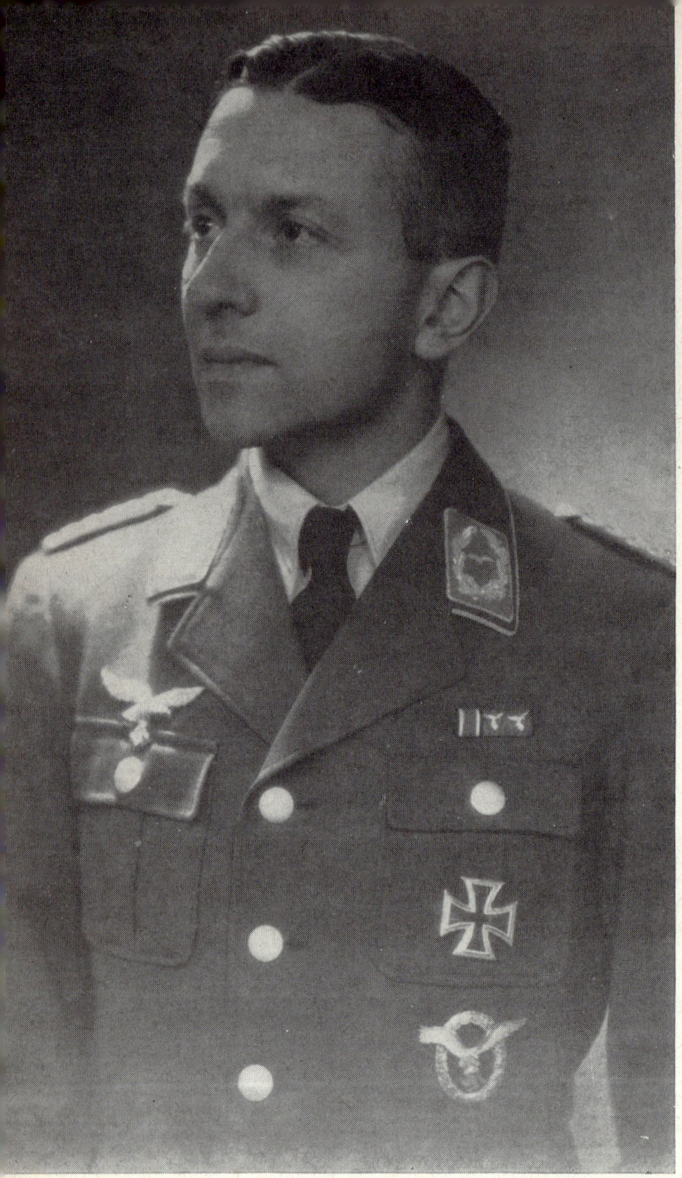

Oben Major von Loßberg entwarf das »Zahme Sau«-System für die zweimotorigen Nachtjäger, eine Taktik der nur locker geleiteten Verfolgungsjagd.

Unten Warmlaufen der Motoren einer Bf 110 vor einem »Zahme Sau«-Einsatz.

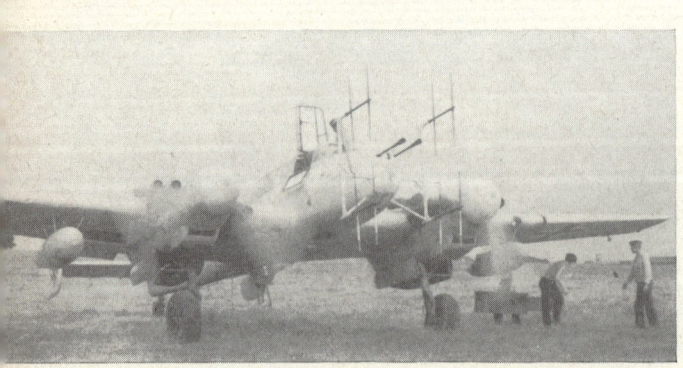

Oben Das komplizierte Antennensystem an der Bugkanzel dieser Bf 110 gehört zu zwei getrennten Radargeräten. Die äußeren Antennen sind für das Fernradar SN 2, die inneren für das »Lichtenstein«-Gerät, das für kurze Entfernung gebraucht wurde. Die Nachtjäger hatten eine Batterie schwerer Kanonen an Bord. *Unten* Manche deutschen Piloten zogen es vor, die britischen Bomber von unten her anzugreifen. Sie hatten deshalb nach oben gerichtete Kanonen, wie z. B. diese Ju 88.

Oben Das Kampfgeschwader 100 benutzte die »Fritz X«-Lenkbombe mit großem Erfolg gegen die italienische Schlachtflotte, als diese zur Übergabe nach Malta unterwegs war. Dabei wird das Schlachtschiff »Roma« versenkt. *Unten* Der Kommodore des Kampfgeschwaders 100, Major Bernhard Jope.

Oben Die Lenkbomben wurden von der Do 217 K-2, einer Version der Do 217, abgeworfen. Dieser Bomber war speziell hierfür mit einer größeren Spannweite versehen, um mit zwei dieser Waffen eine Steighöhe von 20 000 Fuß erreichen zu können.
Unten Nach dem Erfolg gegen die Italiener gingen Jopes Männer auch zum Angriff auf die Versorgungsflotte der Alliierten bei Salerno vor. Sie trafen das Schlachtschiff HMS »Warspite« mit einer Bombe mittschiffs und rissen mit zwei weiteren die Seiten auf. Hier läuft die »Warspite« nach dem Angriff mit 5000 Tonnen Wasser im Schiff tief im Wasser liegend in den Hafen von Malta ein. Das Schiff wurde erst nach etwa einem Jahr wieder gefechtsklar.

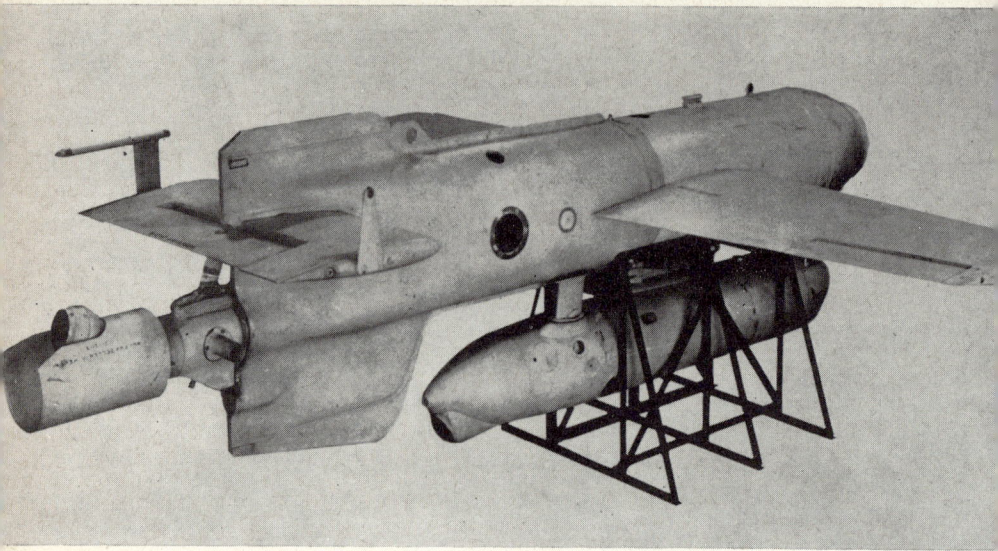

Oben Die Gleitbombe Henschel 239 hätte zu Anfang des Krieges sehr erfolgreich sein können. Sie wurde aber erst vom Sommer 1943 an und dann auch nur gelegentlich eingesetzt, als der alliierte Jagdschutz bereits derartig stark geworden war, daß feindliche Bomberangriffe durch sie nicht mehr zerschlagen werden konnten.   *Unten* Die Hs 293 wurde durch eine einfache Einhebelsteuerung ins Ziel gelenkt.

Oben Die Gleitbomben wurden von der He 177 abgeworfen. Hier ist eine Gleitbombe unter dem Rumpf der Trägermaschine sichtbar. *Unten* Auch die Do 217 konnte als Trägermaschine für die Hs 293 dienen.

Oben und *unten* Die Deutschen machten während des Krieges bei verschiedenen Flugzeugtypen Versuche mit Raketenstartgeräten. Hier startet eine He 111 mit Hilfe einer
Startrakete.

Oben und *unten* Die He-111 Z, eine Art siamesischer Zwilling, war ein interessantes Modell. Zwei standardmäßige He 111 wurden mit verkürzten Flügelenden unter Einfügung einer fünften Motorengondel zusammenmontiert. Zwölf dieser Maschinen wurden hergestellt und zum Schleppen schwerer Lastensegler mit Eilladungen für die Front benutzt.

Oben Eine Formation Fortress im Anflug in großer Höhe. *Unten* Nachrichtenpersonal der Luftwaffe zeichnet den Anflugweg eines Feindverbandes auf Karten ein.

Oben Eine Jagdmaschine Fw190 mit Raketenwerfern vom Kaliber 210 mm unter den Tragflächen.   Unten Wurde ein angreifender Bomber beschädigt und gezwungen, den Feuerschutz der übrigen Formation zu verlassen, war er eine leichte Beute für deutsche Jäger. Hier schießt eine Fw 190 eine bereits brennende Fortress ab.

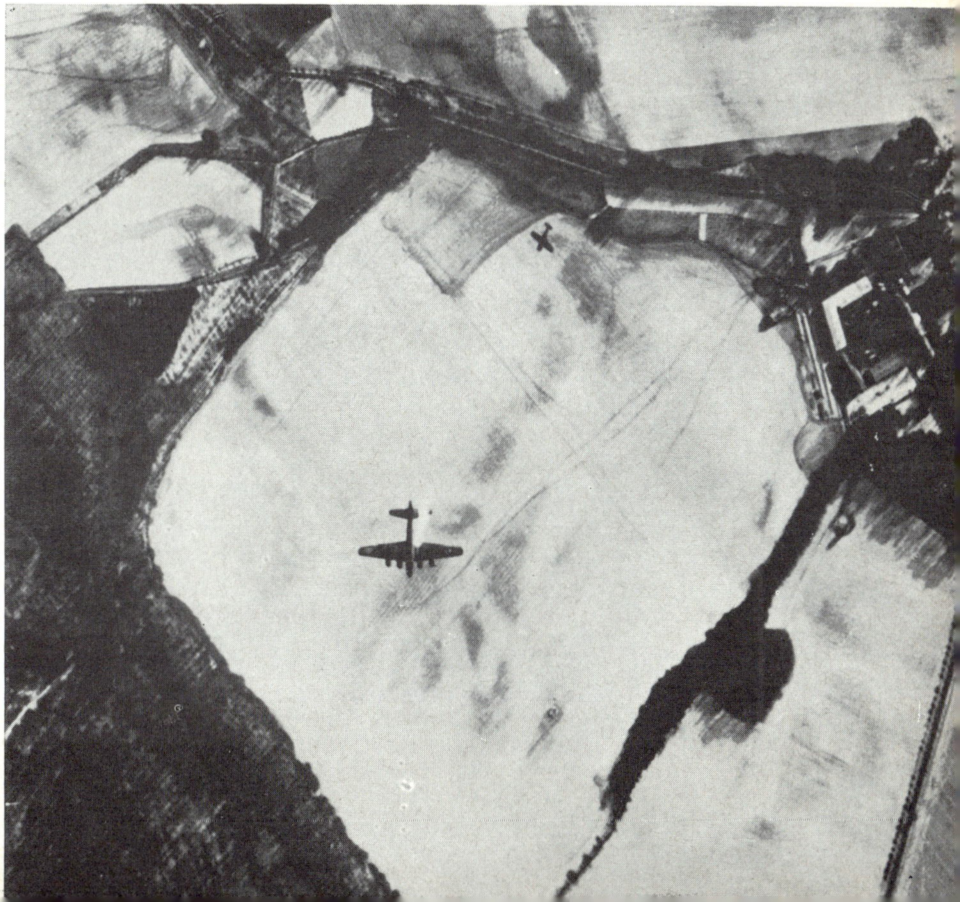

Der amerikanische Tagesangriff auf Schweinfurt am 14. Oktober 1943 war Gipfel- und zugleich Endpunkt der Tagesangriffe ohne Jagdschutz auf das Reichsgebiet. Von 291 Bombern wurden 60 abgeschossen. *Oben* und *unten* Abgeschossene Fortress-Bomber.

Rechts oben und *unten*   Zwei der 138 bei ihrem Angriff auf Schweinfurt beschädigten Maschinen nach ihrer Rückkehr nach England.

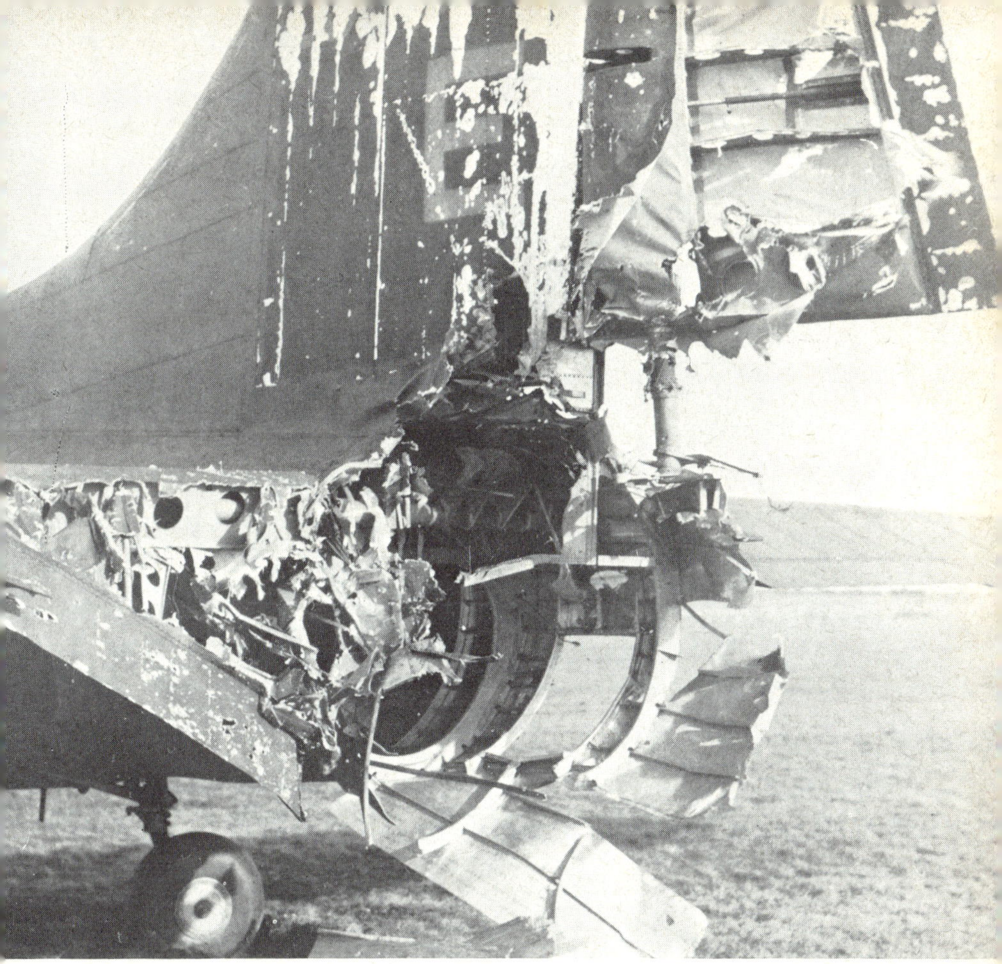

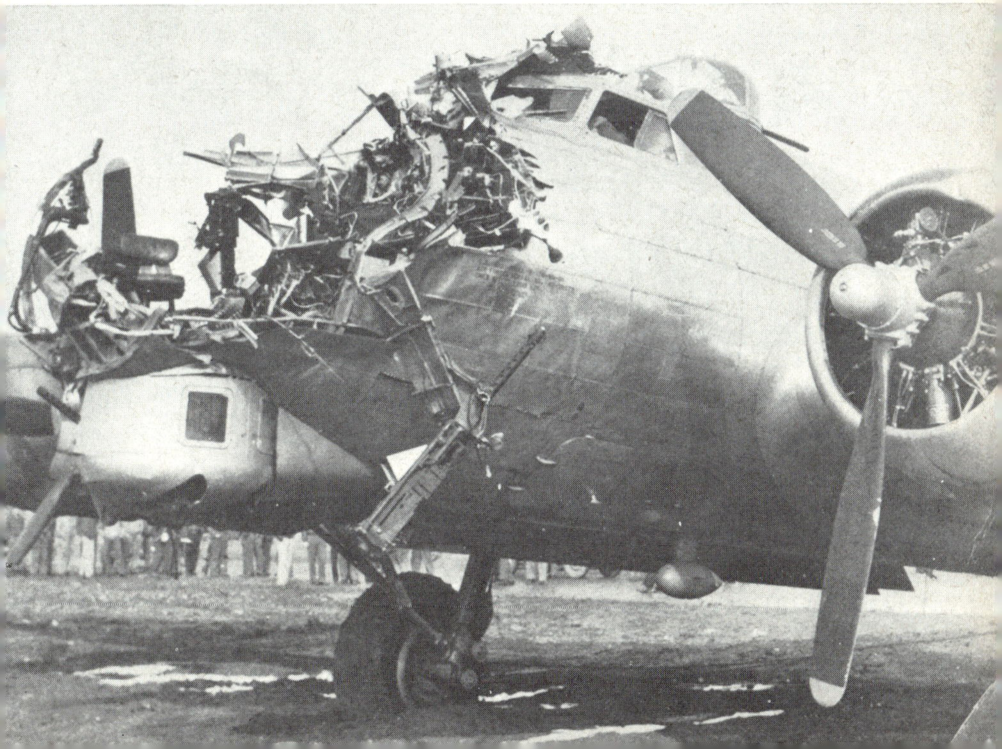

Im Januar 1944 begann die deutsche Luftwaffe ihre eigene Bombenoffensive gegen England mit dem Decknamen Unternehmen Steinbock. Die Masse der eingesetzten Flugzeuge bestand aus Do 217 (oben), He 177 (unten) und Me 410 (rechts oben).

Die seit 1941 merklich verbesserte britische Luftabwehr brachte der Luftwaffe empfindliche Verluste bei. Hier eine auf dem Flugplatz des Jagdfliegerkommandos in Bradwell Bay, Essex, am 18. April 1944 abgestürzte Ju 88 A4 (unten).

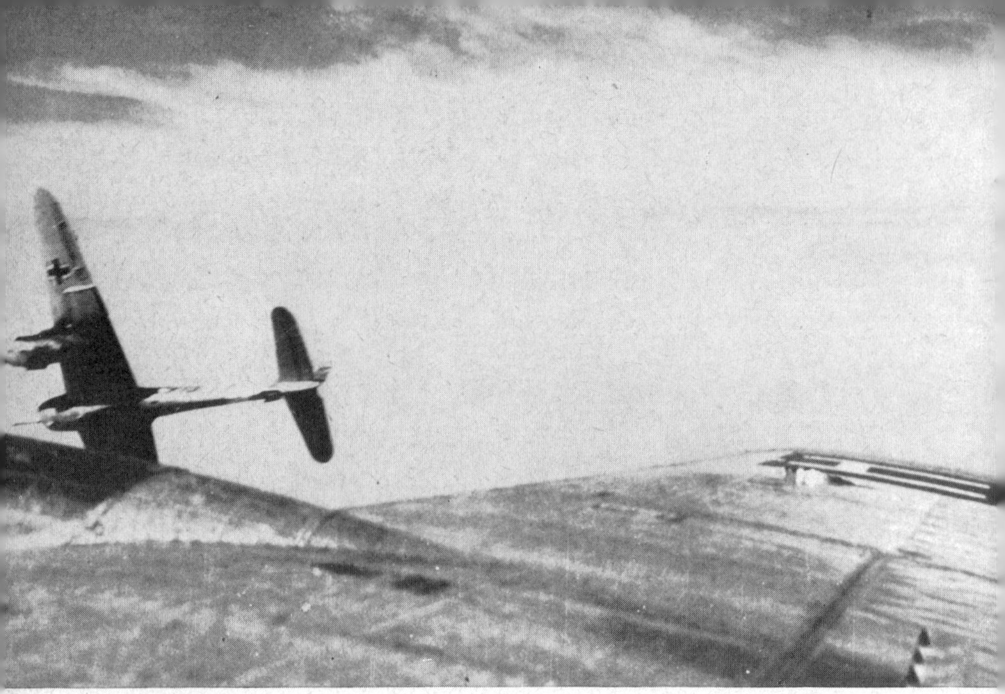

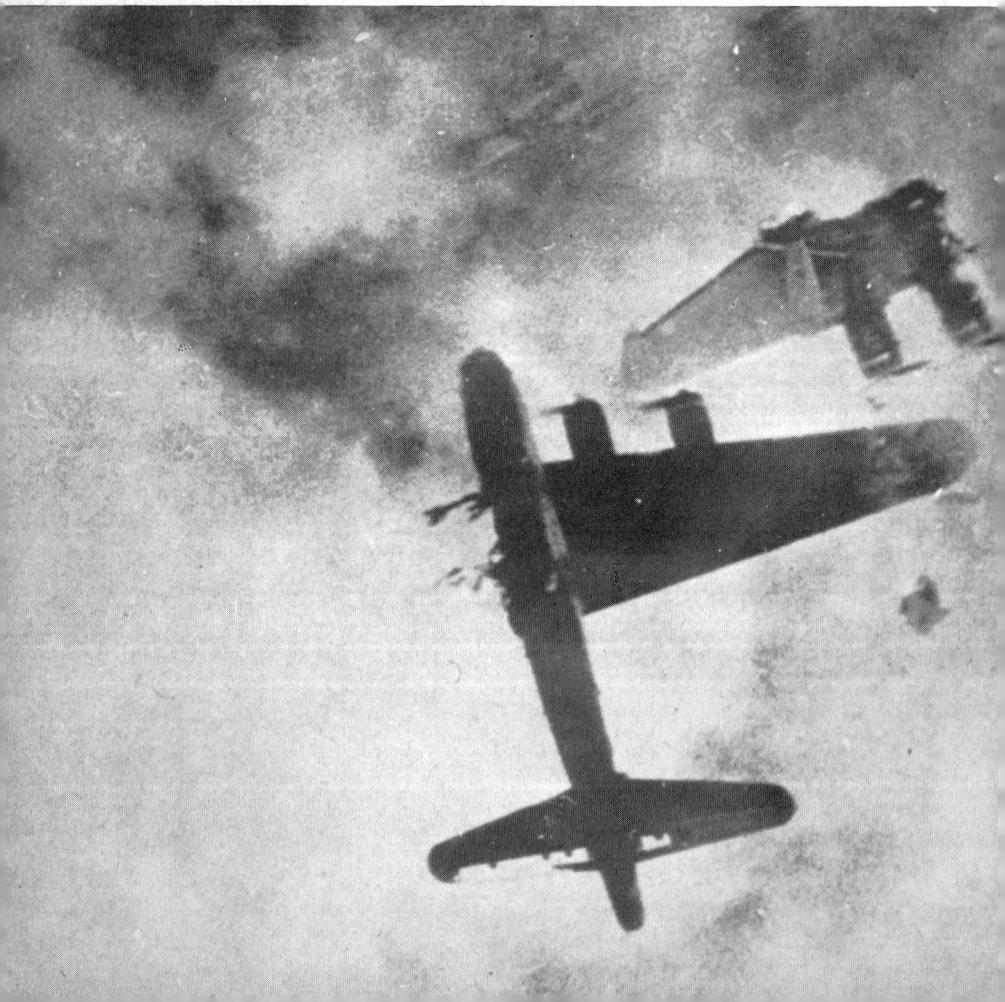

Anfang 1944 nahmen die Amerikaner die Tagesangriffe auf Ziele in Deutschland wieder auf. *Oben links* Eine Me 410 des Zerstörergeschwaders 26 dreht nach einem Angriff auf eine Fortress wieder ab. *Unten links* Eine Fortress trudelt mit abgerissenen Tragflächen nach Treffern von schwerkalibrigen Geschossen vom Himmel. *Oben* Eine Me 410 unter Beschuß durch einen Geleitjäger. Die Doppelstartrohre für die 210 mm-Raketen unter jeder Tragfläche sind gut sichtbar. *Unten* Eine Bf 109 G unmittelbar vor ihrem Abschuß durch eine Mustang.

In den letzten Monaten vor der Invasion in der Normandie richteten die alliierten Flugzeuge konzentrierte Angriffe auf die deutschen Flugplätze in Frankreich. *Oben* Mosquitos greifen einen Flugplatz bei Gael an. *Unten* und *rechts* Zerstörte deutsche Flugzeuge nach dem Angriff auf Merignac bei Bordeaux.

Als die alliierten Truppen an der Nordküste der Normandie landeten, warfen die Deutschen fast ihre gesamte Bomberflotte gegen den Brückenkopf. *Oben* Eine Ju 88 des Kampfgeschwaders 66 beim Warmlaufen der Motoren vor dem Start bei Montdidier. *Unten* Die Stärke des alliierten Jagdschutzes über dem Brückenkopf war derartig groß, daß die Bomberflotte der Luftwaffe schwerste Verluste erlitt. Nach dem Versuch, eine Gleitbombe auf alliierte Schiffsansammlungen abzuwerfen, gerät eine Do 217 im Feuer eines Jägers in Brand und stürzt wenige Sekunden später ab.

Oben und *unten* Eine interessante Waffe gegen die alliierte Schiffahrt war die »Mistel-zweig«. Eine mit Sprengstoff beladene Ju 88 wurde durch einen bemannten Jäger Bf 109, der darauf montiert war, zum Ziel geleitet. Sobald das Ziel ausgemacht war, klinkte der Jäger aus und die Ju 88 setzte unter Selbststeuerung den Angriff fort. Über der Normandie konnten die alliierten Jäger den Durchbruch der »Mistelzweig«-Piloten zu den Schiffszie-len verhindern. Später planten die Deutschen, mit dieser Waffe Schlachtschiffe und Träger der »Home Fleet« in Scapa Flow und auch russische Kraftwerke bei Moskau und Gorki anzugreifen. In allen Fällen zogen sich die Angriffe solange hinaus, bis es schließlich zu spät war und die Vorhaben aufgegeben werden mußten.

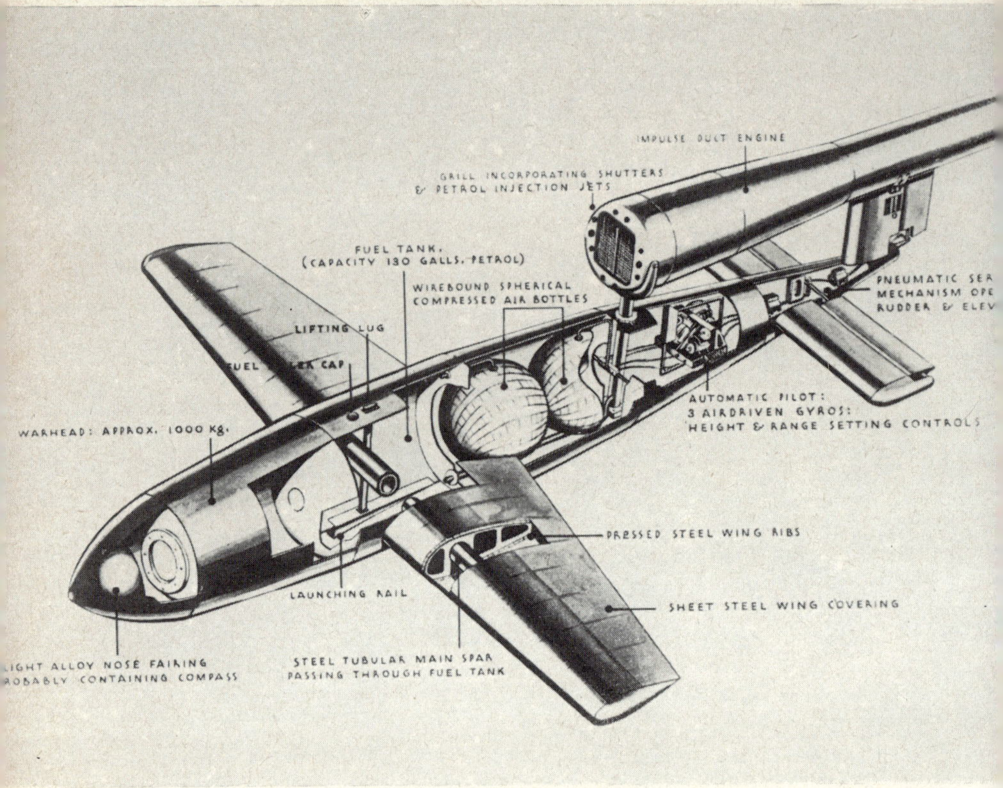

IMPULSE DUCT ENGINE

GRILL INCORPORATING SHUTTERS
& PETROL INJECTION JETS

FUEL TANK.
(CAPACITY 130 GALLS. PETROL)

WIREBOUND SPHERICAL
COMPRESSED AIR BOTTLES

LIFTING LUG

FUEL ___ ER CAP

WARHEAD: APPROX. 1000 Kg.

PNEUMATIC SER
MECHANISM OPE
RUDDER & ELEV

AUTOMATIC PILOT:
3 AIRDRIVEN GYROS:
HEIGHT & RANGE SETTING CONTROLS

PRESSED STEEL WING RIBS

SHEET STEEL WING COVERING

LAUNCHING RAIL

LIGHT ALLOY NOSE FAIRING
PROBABLY CONTAINING COMPASS

STEEL TUBULAR MAIN SPAR
PASSING THROUGH FUEL TANK

Die erste »fliegende Bombe« Fieseler 103, die V1, wurde am Abend des 12. Juni 1944
gegen London abgeschossen. Bis Anfang September waren mehr als 8500 Geschosse
gegen die britische Hauptstadt gefeuert.   *Oben*   Die Fi 103 wurde in England unter dem
Namen V 1 bekannt.   *Unten*   Luftwaffensoldaten rollen die nur teilmontierten Fi 103
zur Abschußvorbereitung zu den Rampen.

Anfang des Jahres 1944 waren die Stuka Ju 87 bei den meisten Verbänden durch die Schlachtfliegerversion der Fw 190 ausgetauscht. *Oben* Die Fw 190 mit drei aufgehängten Bomben. *Unten* Der Mangel an Hochleistungsmaschinen in den Ausbildungsschulen der Luftwaffe war in der Endphase des Krieges ein wichtiger Grund für die Unzulänglichkeit der jungen Nachwuchsjägerpiloten. Eine Bf 109 G 12, eine zweisitzige Schulversion des gebräuchlichsten Jägers.

Nach Ausschaltung der deutschen Jagdabwehr konzentrierten sich die anglo-amerikanischen schweren Bomberverbände auf die Ölversorgung, die Achillesferse der deutschen Kriegswirtschaft. *Oben* Zerstörte Öltanks in der Nähe von Hannover. *Unten* Die nach einem schweren Luftangriff der RAF zerstörte Raffinerie für synthetische Treibstoffe in Boehlen.

Oben Eine Nachtjagdmaschine vom Typ Bf 110, die wegen Brennstoffmangels notlanden mußte. *Unten* Eine von britischen Begleitjägern in Brand geschossene Bf 110, die zu Boden geht.

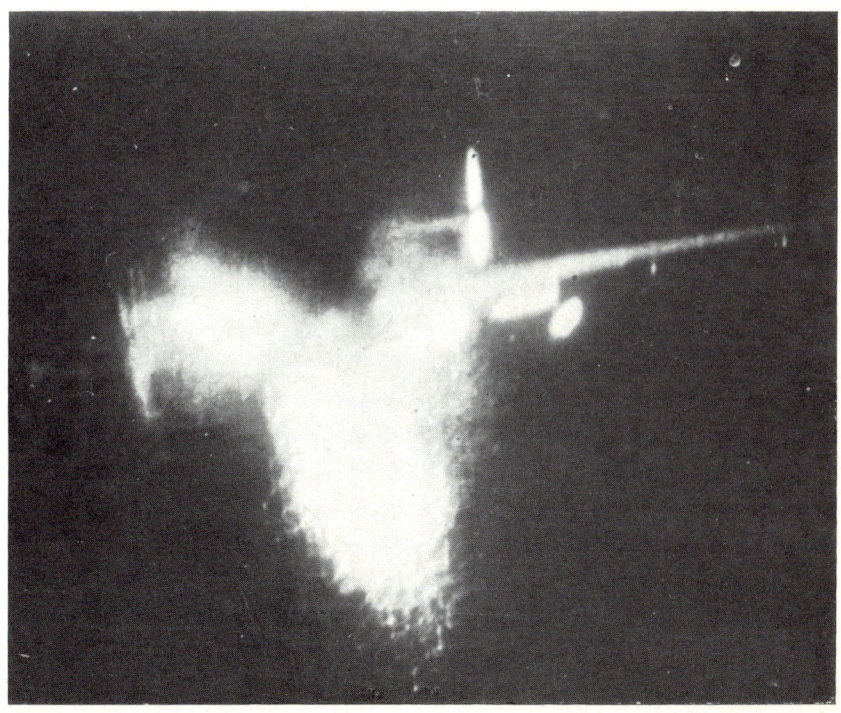

Nach der fast völligen Ausschaltung der Jagd-Abwehr
war die Flak bei den Angriffs-
zielen die einzige Gegen-
wehr. *Oben* Eine 12,8
cm-Flak der Luftwaffe. Die
Flak konnte im wesentlichen
nicht mehr erreichen, als die
Bomber in größte Höhen zu
zwingen, von wo der gezielte
Bombenabwurf nicht möglich
war, oder Splitterschäden bei
den Angreifern zu erzielen.
Ein Volltreffer oder auch eine
Detonation in nächster Nähe
bedeutete in jedem Fall eine
völlige Zerstörung des Bombers. *Unten* Nur eine
Rauchwolke bleibt von einer
Fortress nach einem Treffer
der schweren Flak bei der
Verteidigung von Berlin
übrig.

Einige der erfolgreichsten Piloten der Luftwaffe: Major Gerhard Barkhorn, Jagdflieger, der bei Ende des Krieges 301 Luftsiege erzielt hatte (oben); Major Heinz-Wolfgang Schnaufer, der erfolgreichste Nachtjäger mit 121 Abschüssen (unten links); Hauptmann (später Major) Hans-Georg Baetscher, der insgesamt 658 Einsätze mit zweimotorigen Bombern flog (unten rechts).

Die Me 262, eine Jagdmaschine mit Strahlantrieb, hätte erfolgreich sein können, wenn sie in großer Stückzahl gegen die amerikanischen Bomberformationen eingesetzt worden wäre. Hitler bestand jedoch zunächst darauf, daß sie nur als Kampfbomber an die Front kam. Bei der oben abgebildeten Maschine des Kampfgeschwaders 51 ist die Bombenhalterung unter dem Bug des Rumpfes erkennbar. Das Flugzeug wurde als Kampfbomber erst im Oktober 1944 frontreif.

Am Neujahrstag 1945 begannen die Deutschen ihre letzte Großoffensive auf die alliierten Flugplätze an der Westfront. Die Bodenabwehr aber war so stark, daß die Luftwaffe bei den Angriffen schwerste Verluste erlitt; unten eine abgeschossene Fw 190.

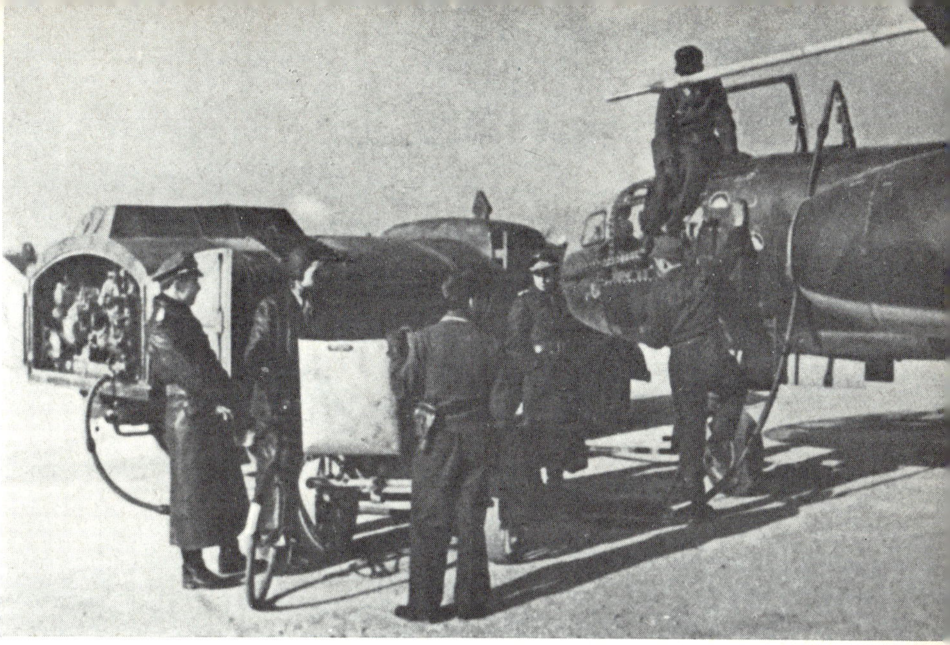

Während der Ardennenoffensive am Jahresende 1944 wurde die Arado 234, ein Strahltriebwerkbomber, beim Kampfgeschwader 76 in geringer Anzahl eingesetzt. *Oben* Eine Ar 234 wird zum Einsatz aufgetankt. Der niedrigoktanige Treibstoff für Düsenflugzeuge war zu dieser Zeit als einziger reichlich verfügbar. *Mitte* Der Kommandeur des ersten wirklichen Düsenbomberverbandes der Welt, Major Robert Kowalewski. *Unten* Eine Ar 234 klar zum Start. Das im Cockpit montierte Sehrohr diente zum Zurückblicken und als Visier bei Tiefangriffen.

In der Endphase des Krieges leisteten einige Me 262-Verbände heroischen Widerstand gegen die alliierten Bomberflotten. *Oben* Me 262 warten auf den Einsatzbefehl. *Mitte* Generalmajor Adolf Galland, der Kommandeur des Jagdverbandes 44, der die Me 262 flog. *Unten* Eine Me 262 mit ihrer charakteristischen Tragflächenstellung.

Eine der erregendsten Luftkampfaufnahmen, die je gemacht wurde: eine Me 262 Sekunden vor ihrem Abschuß durch die photographierende Mustang; vor der angreifenden Me 262 eine von ihr verfolgte zweite Mustang. Das Wolkenbild gibt eine Vorstellung vom Horizont und dem wilden Kurven der Jäger. Die Linie über dem Bug der Me 262 zeigt den Flugwinkel der angreifenden Mustang an.

Oben Mustangs beschießen einen deutschen Flugplatz. *Unten* Einer der schnellsten deutschen Jäger mit Kolbentriebwerk, die Do 335, mit einer Serie von Maschinengewehreinschüssen im Rumpf. Große Hoffnungen waren mit dieser Maschine verbunden, aber nur 11 von ihr wurden bis Kriegsende gebaut.

Um die Tiefflieger abzuschrecken, stellten die Deutschen eine gewaltige Flak-Abwehr um ihre Flugplätze auf. *Oben* Eine leichte 3,7 cm-Flak. Der Mann im Hintergrund bedient ein kleines optisches Entfernungsmeßgerät. *Unten* Soweit die Alliierten die Startplätze der Düsenjäger ausfindig machen konnten, widmeten sie ihnen ihre besondere Aufmerksamkeit. Die Aufgabe der Kolbenmotoren betriebenen Jäger lag darin, die Düsenjäger bei Start und Landung abzusichern. Die Fw 190 D, eine verbesserte Version der Fw 190, war leistungsmäßig der britischen Tempest und der amerikanischen Mustang vergleichbar. Sie wurde ebenfalls zum Schutz der Düsenjäger bei Start und Landung eingesetzt.

Links oben Der Raketenjäger Me 163 war eine Maschine mit bedeutender Spitzengeschwindigkeit und Höhenleistung, aber auch mit der fatalen Eigenschaft, bei der Landung
zu explodieren, wenn noch Treibstoff in den Tanks zurückgeblieben war. Durch Mangel an
Raketentreibstoff kam dieser Typ nur selten zum Einsatz.
Links unten Das spärlich instrumentierte Cockpit der Me 163.

Oben und *unten* Mit der He 162 unternahm man den Versuch, einen einfachen und
billigen Düsenjäger schnell und in großen Stückzahlen herauszubringen. Der Typ wurde
überhastet und ohne vorherige sorgfältige Erprobung beim Jagdgeschwader 1 zum Einsatz
gebracht. Ihre Flugeigenschaften waren in mancher Hinsicht so unberechenbar, daß sie
mehr eine Waffe gegen den Piloten als gegen den Feind darstellte.

Bis zum letzten Kriegstag arbeiteten die Deutschen verbissen daran, umwälzende neue Waffen herauszubringen. Die DFS 228, ein Aufklärer mit Raketenantrieb, sollte auf dem Rücken einer Do 217 bis an die feindlichen Linien herangetragen und dann ausgeklinkt werden (oben). Der Pilot des Aufklärers zündete dann seine Antriebsrakete, stieg auf 40 000 Fuß Flughöhe und zündete nur noch bei Bedarf kurze Stöße der Rakete, um seine Flughöhe bis zum Ziel halten zu können. Nach Beendigung der Aufgabe sollte er den Rest des Treibstoffes verbrauchen und auf eigenem Gebiet zurück niedergleiten (unten). Erst gegen Kriegsende war man soweit, daß die DFS 228 erprobt werden konnte.

Oben und *unten* Als die Alliierten immer weiter in Deutschland vordrangen, fanden sie Hunderte von Flugzeugen, die entweder von den zurückweichenden Deutschen gesprengt oder von den vorrückenden Alliierten bei ihren Angriffen zerstört worden waren.

Oben und *unten*   Viele Maschinen hätten leicht flugklar gemacht werden können, aber es fehlte an Treibstoff. Wenige Monate nach Kriegsende war fast die gesamte übriggebliebene Luftflotte für den Schrotthaufen bestimmt.

Die Krupp-Werke in Essen im Jahre 1945. Mehrfach im Laufe des Krieges waren die Werke angegriffen und wiederaufgebaut worden. Infolge eines besonders schweren Angriffs im Oktober 1944 hörte jede Produktion auf. Vor dem Kriege hatte Göring versprochen, daß keine Bomben auf das Ruhrgebiet fallen würden. Niemals hat sich ein Prophet derartig geirrt.

Hermann Göring auf der Anklagebank des Internationalen Militär-Tribunals in Nürnberg. Am 1. Oktober 1946 wurde er zum Tode durch den Strang verurteilt. Am 16. Oktober, einen Tag vor Vollstreckung des Urteils, beging er Selbstmord.

dauerte bis zum 4. Juli. An diesem Tage endete der russische Widerstand in der Festung. Während der Schlacht flog Werner von Baumbach als Kommodore des Kampfgeschwaders 30. Sein Tagebuch gibt einen Eindruck von der Gewalt der Luftangriffe:

»Aus der Luft sah Sewastopol wie ein Schlachtengemälde aus. Schon am frühen Morgen war der Himmel mit Schwärmen von Flugzeugen übersät, die in aller Eile ihre Bombenladungen über der Stadt abluden. Tausende von Bomben, mehr als 2400 Tonnen Sprengbomben und 23000 Brandbomben wurden auf Stadt und Festung abgeworfen. Ein einzelner Einsatz dauerte nicht länger als 20 Minuten. In der Zeit bis zum Erreichen der notwendigen Flughöhe war man schon über dem Ziel. Die russische Flak war schon in den ersten Tagen zum Schweigen gebracht worden, so daß die Gefahr geringer war als bei den Angriffen auf die Kaukasushäfen und auf die russischen Flugplätze. Trotzdem verlangte unser Einsatz bei Sewastopol höchste Leistungen von Mensch und Material. Einzelne Besatzungen flogen zwölf, vierzehn, ja sogar bis zu achtzehn Einsätze am Tag. Eine Ju 52, vollaufgetankt, machte 3 bis 4 Einsätze, ohne daß sich die Besatzung auch nur einmal ausstrecken konnte!«

Mittlerweile hatten die Deutschen auch noch ihre Offensive in Nordafrika begonnen. Im Frühjahr 1942 war die Stärke der Luftwaffe auf diesem Kriegsschauplatz auf 260 Flugzeuge gestiegen; mit den Italienern zusammen waren es rund 600 Maschinen. Am 26. Mai stieß das Afrika-Korps unter starker Luftunterstützung ostwärts gegen die britische Front bei Gazala vor. Der deutsche Befehlshaber, General Erwin Rommel, entschied sich, die britische Front und ihren südlichen Eckpfeiler bei Bir Hakim zu umgehen, der dann zum Brennpunkt der Schlacht wurde. Mit 1400 Einsätzen gegen diesen Eckpfeiler leistete die Luftwaffe einen entscheidenden Beitrag zu seiner Eroberung am 11. Juni. Nachdem er bis hinter die Gazala-Stellung gekommen war, behielt Rommel sein Tempo bei und nahm am 20. Juni mit stärkster Luftunterstützung die britische Festung Tobruk.

Doch zum weiteren Vorstoß der Deutschen nach El Alamein konnte die Luftwaffe nur wenig beitragen, da der Treibstoff verbraucht war, den man in den vorausgegangenen Monaten sorgfältig gehortet hatte. Die britische Luft- und Seeblockade von Nordafrika hatte während des Sommers 1942 den Versorgungszufluß der Achsenmächte in Nordafrika bis auf ein dünnes Rinnsal heruntergedrosselt. Damit war die Luftwaffe mehr und mehr zur Untätigkeit verurteilt, während die RAF in Ägypten von Tag zu Tag stärker wurde.

Als die Briten dann am 24. Oktober ihre eigene Offensive bei El Alamein begannen, hatten sie beinahe die absolute Luftüberlegenheit. Der deutsche Rückzug wurde zwar niemals zur Flucht, aber nach Beendigung der Offensive im Frühjahr 1943 waren die Deutschen aus Ägypten und Libyen vertrieben und hatten hart um einen Brückenkopf in Tunis zu kämpfen.

Auch an der Kanalküste wurde für die Deutschen allmählich aus einem Hinhaltekampf ein bedeutender Kriegsschauplatz, auf dem die westlichen Alliierten langsam die Initiative in der Luft gewannen. Nachdem die neuen viermotorigen Sterling, Halifax und Lancaster im Laufe des Jahres 1942 bis zur Frontreife gediehen waren und schließlich in großen Stückzahlen produziert wurden, gewannen die Nachtbombenangriffe der RAF zunehmend an Gewalt und Stärke.

Die Organisation der Nachtjagd zur Abwehr der Angriffe auf deutsche Städte lag in der Hand von General Joseph Kammhuber. Ende September 1942 bestand diese Spezialflotte aus etwa 350 zweimotorigen, größtenteils radarausgerüsteten Bf 110-Jägern, die bis zur eigenen Radarreichweite durch Bodenleitstellen mit leistungsstarken Radargeräten zu ihren Zielen geleitet wurden. Eine Kette von Jägerleitstellen in Abständen von ca. 30 km bildete eine Sperre, die die Angreifer passieren mußten. Sie hatte die Form einer gigantischen Sichel, mit ihrem Griff von Norden nach Süden durch Dänemark gehend und dann mit ihrem Blatt in einer Kurve durch Norddeutschland, Holland, Belgien und Ostfrankreich bis zur Schweizer Grenze verlaufend. Jede Jägerleitstelle hatte eine wirksame Radarreichweite von 30 km. Das Verfahren hatte den Decknamen »Himmelbett«. Je mehr Stationen vor und hinter der Anfangslinie in Betrieb kamen, desto sicherer forderte das System erhebliche Opfer von den Angreifern.

Außer den Nachtjägern leitete die Luftwaffe die Flak zur Verteidigung der eigenen Stützpunkte. Im Sommer 1942 standen mehr als 12 000 schwere Flak – 8,8 cm-, 10,5 cm- und 12,8 cm-Geschütze – zur Verteidigung Deutschlands und der besetzten Gebiete im Westen bereit.

Eine für die Deutschen beunruhigende Entwicklung nahmen die amerikanischen Tag-Bombenangriffe im August 1942. Zunächst waren die Ziele auf Frankreich, Holland und Belgien beschränkt. Anfangs betrachteten die deutschen Jäger die schwerbewaffneten B 17 mit unverhohlenem Respekt und waren noch zaghaft beim Zurückschlagen der Angriffe. Aber sehr bald wurde offensichtlich, daß die Wirkung der Bordkanonen der Bomber mehr psychologischer als materieller Art war. Die Jäger gewannen daher schnell ihren gewohnten Angriffsgeist wieder. Major Egon Meyer vom Jagdgeschwader 2 entwickelte die Taktik, die B 17 von vorne, wo sie schwächer bewaffnet war, anzugreifen. Mit dieser Angriffstaktik stieg dann schnell der deutsche Erfolg.

Nach der Flankensicherung durch die Eroberung der Krim im Sommer 1942 konnten die Deutschen den Plan zum Vorstoß nach den Ölfeldern des Kaukasus verwirklichen. Am 28. Juni begann die Offensive mit dem Durchbruch bei Kursk. Am 6. Juli hatte die deutsche Armee bereits den Don bei Woronesch erreicht und rollte dann südostwärts weiter. Wieder war die Luftwaffe in der Lage, ihre alte Stärke zu zeigen und den schnell vorrückenden Panzerkolonnen erstklassige Erdkampfunterstützung geben. Am 10. August standen die Spitzenverbände bereits tief im Kaukasus, mehr als 450 km vom Ausgangspunkt der Offensive entfernt. An der Ostflanke erreichten deutsche Vorhuten die Außenbezirke von Stalingrad, der Stadt, die sehr bald Schauplatz der blutigsten Schlacht dieses Krieges werden sollte.

Wenn Zarizyn nicht im Jahre 1925 in Stalingrad umbenannt worden wäre, hätte die Stadt vielleicht nicht eine derartige Magnetwirkung auf die beiderseitigen Streitkräfte ausgeübt. (Nach der Verdammung von Stalin 1961 wurde die Stadt wiederum in Wolgograd umbenannt.) Denn tatsächlich war die nach dem russischen Diktator genannte Stadt nicht von einer derartigen strategischen Bedeutung, daß sie den Kampf auf Tod oder Leben zweier großer Völker gerechtfertigt hätte. Welche Gründe auch immer maßgebend gewesen sein mögen, Hitler und Stalin zogen beide ihre Kräfte im August 1942 hier zusammen.

Im November war die Schlacht noch immer im Gange. Jede Seite verfügte über mehr als eine Million Mann, und beide wurden von mehr als tausend Flugzeugen unterstützt. Sie trugen einen zähen, in dieser Größenordnung im Zweiten Weltkrieg einzigartigen Kampf aus. Unter der üblichen intensiven Luftunterstützung drangen die deutschen Truppen tiefer und tiefer in die Stadt ein, bis sie im November fast das gesamte Westufer der Wolga in Besitz hatten. Da schlugen die Russen zurück.

Am 19. November durchschnitten russische Armeegruppen, die eine

Linie nördlich und südlich der Stadt gehalten hatten, die schwachen ihnen gegenüberliegenden Kräfte und näherten sich einander sehr schnell. Am Nachmittag trafen sich die Zangenarme und schlossen 22 deutsche Divisionen mit etwa 330 000 Mann im Kessel ein. Zu diesem Zeitpunkt hatten die Russen ihre Geländegewinne erst noch zu konsolidieren, und es besteht kein Zweifel, daß die in der Falle steckenden deutschen Truppen damals den Ring hätten zerbrechen können, wenn auch unter Verlust ihrer schweren Ausrüstung. Hitler fragte Göring, ob die Luftwaffe die Armee in Stalingrad ebenso versorgen könne wie in Demyansk. Göring, der niemals zugeben konnte, daß etwas über seine Kraft ging, sagte, daß die Aufgabe durchgeführt werden könne. Selbst nachdem er Zeit gehabt hatte, nochmals zu überlegen, was er damit gesagt hatte, und als er wußte, daß diese Aufgabe unlösbar war, nahm der eitle Göring seine Zusage gegenüber Hitler nicht zurück. So nahm das Schicksal seinen Lauf.

Auf Görings Wort hin befahl Hitler dem Oberbefehlshaber der belagerten Armee, Generaloberst Paulus, standzuhalten und auf das Einfliegen der notwendigen Versorgung durch die Luftwaffe zu warten. Den Luftwaffenstabsoffizieren, die mit der Planung der Versorgungsflüge betraut waren, wurde jetzt die Größenordnung der vorliegenden Aufgabe klar. Der unbedingt notwendige Nachschub für Paulus belief sich auf 500 Tonnen am Tage. Da die Truppen im Kessel von ihren eigenen vorgeschobenen Verpflegungsstellen abgeschnitten waren und sich nur geringe Proviantmengen in der Festung befanden, war es für die Eingeschlossenen lebenswichtig, daß die Luftversorgung sofort in Gang kam.

Die regulären Transporteinheiten nahmen die Versorgungsflüge mit ihren Ju 52 sofort auf. Jedes Flugzeug konnte pro Einsatz zwei Tonnen Nachschub in den Kessel bringen. In der Zwischenzeit überprüften der Generalquartiermeister der Luftwaffe und sein Stab den gesamten Bestand der Luftwaffe nach geeigneten Maschinen, die überhaupt für die Luftbrücke infrage kommen konnten. Anfang Dezember begannen sich diese rastlosen Bemühungen auszuwirken. Für die Luftbrücke konnten zehn Gruppen Ju 52, zwei Geschwader und zwei Gruppen He 111-Bomber, zwei Gruppen ausgediente Ju 86-Bomber und eine Gruppe He 177 eingesetzt werden. Dazu kamen noch eine Gruppe Langstreckenverbundtransporter mit Fw 200, Ju 90 und Ju 290. Insgesamt wurden 500 Flugzeuge nur für diesen Zweck in Südrußland zusammengebracht. Sehr bald erhöhte sich u. a. durch Zugänge von den Ausbildungsschulen und Erprobungsmaschinen von Spezialeinheiten die Zahl auf 850 Flugzeuge.

Das Versorgungsunternehmen von Stalingrad lief jedoch von Anfang an schlecht. Für die neuen Besatzungen gab es keine Zeit, sich in die dortigen Verhältnisse einzugewöhnen. Manche kamen direkt von den Ausbildungsschulen in Deutschland, wurden unmittelbar in das Unternehmen der Luftbrücke geworfen und mußten nun unter Bedingungen fliegen, die selbst die erfahrensten Piloten entmutigen konnten. Die harte Kälte des russischen Winters, das grausame Flugwetter, die schlechten Flugplätze, die gefährlichen Hin- und Rückflüge über das feindliche Land mit den russischen Jägern und der Flak und die dauernde Bombardierung der Flugplätze im Kessel, alle diese Umstände verzögerten die Luftbrücke. Es war der Luftwaffe nicht möglich, mehr als einen Durchschnitt von 100 Tonnen am Tage zu erreichen.

Unter dem permanenten Druck der Russen verengte sich der Kessel von Stalingrad ständig. Am 16. Januar 1943 ging dann der lebenswichtige Flugplatz von Pitomnik verloren. Das zweitrangige Flugfeld bei Gumrak war völlig unzureichend für die Bedürfnisse einer großen Luftbrücke. Die Luftwaffe mußte daher auf eine erheblich weniger wirksame Methode der Luftversorgung, auf das Abwerfen des Nachschubs, übergehen. Das bedeutete den Anfang vom Ende. Vom Hunger geschwächt, konnten die eingeschlossenen Soldaten die Versorgungskanister nicht mehr aus dem Schnee aufnehmen. Als sich schließlich am 2. Februar die 91 000 noch lebenden halbverhungerten Verteidiger ergaben, hatte die Luftwaffe bei dem Versuch einer Luftversorgung einen Verlust von 488 Flugzeugen erlitten. Unter diesen Verlusten waren 266 Ju 52 und 165 He 111. Viele Ausfälle wurden durch Start- und Landeunfälle auf den schlechten Flugplätzen verursacht. Gegen Ende der Luftversorgung wurden auch die russischen Jäger zunehmend erfolgreicher.

Die sehr ernsten Auswirkungen der Niederlage von Stalingrad sollten der Luftwaffe an die Substanz gehen. Die Verluste an Flugzeugen waren schon ernst genug, doch diese konnten wieder aufgefüllt werden. Viel schlimmer jedoch war selbstverständlich außer dem Verlust der Besatzungen, daß die Ausbildung von Besatzungen durch Mangel an Flugzeugen und erfahrenen Lehrern völlig zum Stillstand gekommen war. Den Ju 52 von den Ausbildungsschulen fehlten die primitivsten Funknavigationsgeräte. Sie wurden dennoch in den Kessel geschickt. Eine weitere sehr ernste Folge der Luftbrücke war der Treibstoffmangel. Er war erstmalig im Sommer 1942 aufgetreten, doch anstatt des erwarteten Absinkens der Lufteinsätze im Herbst und in der Schlamm-Saison waren die Kämpfe noch intensiver geworden. Die Deutschen waren jetzt gezwungen, drastische Einschränkungen bei den Nicht-Kampf-Einsätzen zu machen. Darunter litten ein weiteres Mal natürlich zuerst die Fliegerausbildungsorganisationen. Die Treibstofflage sollte im Sommer 1943 entspannt sein, da dann mehr und mehr synthetische Treibstoffe von den im Bau befindlichen Produktionsanlagen geliefert werden sollten. Der Schaden war da aber schon eingetreten. Der Zusammenbruch der Ausbildung sollte der Regeneration der Luftwaffe den schwersten Schaden zufügen.

Die Wende

> *»Meine Herren! Wir sind nicht mehr im Angriff, sondern für die nächsten 1 bis 2 Jahre in der Defensive. Die Tatsache ist den höchsten Stellen der Luftwaffe klar und wird dort bei der Produktionsplanung berücksichtigt. Das bedeutet, daß wir sehr viel mehr Jagdflugzeuge, besonders Me 110 und Zerstörer Me 140 haben müssen!«*
>
> *Generalfeldmarschall Erhard Milch in einer Besprechung über die Rüstungsproduktion im Juli 1943 in Berlin*

Im Frühjahr 1943 war die Luftwaffe leistungsmäßig weit überfordert. Die Niederlage von Stalingrad hatte sehr schwere Verluste an Flugzeugen und Besatzungen mit sich gebracht. Hinzu kam, daß die Luftwaffe auch jetzt wieder sowohl in Rußland als auch im Westen und im Mittelmeer unter ständigem Druck stand. In der Vergangenheit war das Reich immer in der günstigen Lage gewesen, nur einen Gegner zu haben. Diese Situation hatte sich grundlegend geändert. Keine Front konnte auch nur kurzzeitig von Flugzeugen entblößt werden, um an einer anderen mit Schwerpunktbildung eine entscheidende Schlacht zu schlagen.

Die Luftwaffe war für Blitzfeldzüge, wie sie die ersten drei Jahre des Krieges kennzeichneten, gedacht gewesen. Hierbei konnten verhältnismäßig hohe Verlustquoten in Kauf genommen werden, sofern damit das Ziel schnell erreicht wurde. Es war dann auch nicht allzu wichtig, wenn Flugzeuge und befähigte Lehrer von den Ausbildungsschulen abgezogen wurden, da der Feldzug vorbei war, bevor die auszubildenden Besatzungen tatsächlich an der Front gebraucht wurden.

Jetzt, im Frühjahr 1943, hatte sich die Lage radikal geändert. Jetzt sollte es zu einem langen Krieg kommen, auf den die Luftwaffe auch nicht annähernd vorbereitet war. Abgesehen vom Zusammenbruch des Ausbildungsprogrammes bestand außerdem noch ein Mangel an modernster Ausrüstung. Die meistgebrauchten Kampfflugzeugtypen waren überwiegend Weiterentwicklungen von Maschinen, die schon zu Beginn des Krieges im Dienst waren. Die einzige Ausnahme hiervon war der Focke-Wulf-Jäger 190. Die beiden wichtigsten Ersatz-Typen, die He 177, ein schwerer Bomber, und die Messerschmitt 210, ein Langstreckenkampfbomber, waren in Produktionsschwierigkeiten geraten und auch nicht in annehmbaren Stückzahlen zu erwarten. Infolgedessen mußte der für die Flugzeugproduktion verantwortliche Generalfeldmarschall Milch den Befehl an die Fabriken geben, mehr Maschinen von den bewährten, wenn auch veralteten Typen Bf 109, Bf 110, Ju 87, Ju 88 und He 111 zu produzieren. Die neueren Versionen der Bf 109 und Ju 88 waren immerhin noch annehmbare Kampfflugzeuge, aber die anderen drei Typen konnten nicht mehr vernünftig weiterentwickelt werden.

Die Deutschen begannen jetzt nicht nur qualitätsmäßig, sondern auch rein zahlenmäßig hinter ihren Gegnern zurückzubleiben. Bei der Überwindung des Stückzahlproblems hatte Milch, seit er Ende 1941 das neue Amt übernommen hatte, große Fortschritte gemacht. Es war aber immer noch ein weiter Weg.

Zu Beginn 1943 bestand folgende Kräfteverteilung der Luftwaffe auf den Kriegsschauplätzen:

Ostfront	1 530 Flugzeuge
Westfront und Heimat-Verteidigung	1 445 Flugzeuge
Mittelmeer	855 Flugzeuge

Der Grund dafür, daß so viele Flugzeuge im Mittelmeer gebunden waren, das früher als Nebenkriegsschauplatz angesehen wurde, lag darin, daß Deutschland neuerdings seinen italienischen Verbündeten dringend unterstützen mußte. Die Lage der Achsenmächte hatte sich nach dem Sieg der Alliierten bei El Alamein und den nachfolgenden Invasionslandungen in Marokko und Algerien erheblich verschlechtert. Als sich jetzt die beiden alliierten Armeen zu vereinigen drohten, befanden sich die deutschen und italienischen Truppen in Afrika in der Zange.

Die so dringend zur Verstärkung angeforderten Kampfflugzeuge kamen zu spät. Nur durch harte Maßnahmen, einschließlich der Überführung von Jagdverbänden aus der Kanalregion, die mit der letzten Version der Fw 190 ausgerüstet waren, gelang es der Luftwaffe für kurze

Zeit, sich gegenüber der zahlenmäßig weit überlegenen britischen Wüstenluftflotte zu behaupten. Das gelang auch nur deshalb, weil die Luftwaffe von gut ausgebauten Stützpunkten mit kurzen Verkehrsverbindungen operierte, während die Briten gezwungenermaßen hastig planierte Landestreifen, weit entfernt von den Nachschubzentren, benutzen mußten.

Aber alle Mühe und Opfer konnten das Unvermeidliche für die Deutschen nur verzögern. Als die Alliierten den Ring um Tunis und Bizerta immer enger und enger zogen und die britische Wüstenluftflotte mit der letzten Version der Spitfire ausgerüstet war und diese sich in ihren neuen Basen voll eingerichtet hatte, da wurde die Lage der Achsenmächte fast verzweifelt. Zuerst mußten die Schlachtflugzeuge He 126 und Ju 87 schwere Verluste hinnehmen. Dann mußten sie in kürzester Zeit nach Sizilien zurückgezogen werden. Im April war dann der Rest der Luftwaffe in Afrika in größter Not, als die alliierte Blockade den Nachschub an Brennstoff und Ersatzteilen völlig abschnitt. Auf den wenigen verbliebenen Flugplätzen wurden die Verbände zusammengezogen, dann allerdings dort durch alliierte Bomber zerstört. Die endgültige Ausschaltung erfolgte, als britische und amerikanische Jäger eine ständige Überwachung der von der Luftwaffe benutzten Flugplätze einrichteten und damit jedem Einsatz der Luftwaffe, auch dem der Jäger, ein Ende setzten. In ununterbrochenen alliierten Angriffen am Boden zerbrachen die letzten deutschen Verteidigungslinien, und am 13. Mai 1943 mußten sich die letzten deutschen Truppen in Afrika ergeben. Annähernd 250 000 Mann streckten die Waffen, eine Katastrophe, die nur von Stalingrad übertroffen wurde.

Der Verlust Afrikas war ein schwerer Rückschlag für die Achsenmächte. Aber Hitler hatte klar erkannt, daß die entscheidenden Schlachten in Rußland geschlagen werden mußten. Er befahl als erstes eine Offensive mit einer Doppelzangenbewegung, um die Russen in der Mitte der Front im kritischen Vorsprung um die Stadt Kursk herum mit allen ihren dortigen Heeresteilen abzuschneiden. Das Unternehmen bekam den Decknamen »Zitadelle«.

Hitler bemühte sich, die überragende Bedeutung dieser Offensive herauszustellen. Sie sollte dem Heer die Chance eröffnen, sein Prestige wiederzugewinnen, das in Stalingrad verlorengegangen war. In einem am 15. April 1943 ausgegebenen Tagesbefehl an die Truppe hatte er erklärt:

»Dieser Angriff ist von entscheidender Bedeutung. Er muß schnell und zum vollen Erfolg führen. Er muß die Initiative für dieses Frühjahr und für den Sommer in unsere Hand bringen. Alle Vorbereitungen müssen daher mit allergrößter Sorgfalt und Energie getroffen werden. Die besten Truppen, die besten Waffen, die besten Truppenführer und große Munitionsmengen müssen daher an der Front des Hauptstoßes eingesetzt werden. Jeder Truppenführer und jeder Soldat muß von der entscheidenden Bedeutung dieses Angriffs überzeugt sein. Der Sieg von Kursk muß eine Signalwirkung auf die gesamte Welt haben!«

Die deutsche Armeeführung sah eine Heeresgruppe von 900000 Mann, 10000 Geschützen und 2700 Panzern vor, die auf einer Frontbreite von nur 180 km konzentriert waren. In Kenntnis der Bedeutung der Stunde zog Göring 1800 Kampfflugzeuge zur Unterstützung der beiden Panzerstoßkeile zusammen. Die Luftflotte 4 unter General Otto Dessloch hatte 1100 Kampfflugzeuge zur Unterstützung des südlichen Keils herangebracht. Die 1. Flieger-Division unter Generalmajor Paul Deichmann war mit 700 Kampfflugzeugen dem nördlichsten Angriffskeil zugeteilt.

Den Russen konnte eine derartige Truppenkonzentration auf deutscher Seite nicht verborgen bleiben. Deshalb massierten sie an der gleichen Front eigene zahlenmäßig noch stärkere Verbände. Damit war das Schlachtfeld für den größten Panzerzusammenstoß des Krieges vorbereitet. Allerdings konnten die Russen diesmal keine Hilfe durch die Generale »Schlamm« und »Winter« erwarten.

Am Morgen des 5. Juli 1943 begann die Schlacht von Kursk. Die Luftwaffe war von der ersten Minute an stärkstens engagiert. Wie schon früher operierten Schlachtflugzeuge und Bomberverbände zur Unterstützung der Panzerkeile unmittelbar auf dem Schlachtfeld. Das neue Flugzeug zur Panzerbekämpfung, die Hs 129 der IV. Gruppe des Schlachtgeschwaders 9 unter Hauptmann Bruno Meyer, erwies sich als großer Erfolg.

Am vierten Tag der Offensive überraschte dieser Verband einen russischen Angriff in Stärke einer Brigade mit etwa 40 Panzern auf offenem Schlachtfeld. Die vier Staffeln der Gruppe, jede mit 16 Hs 129, griffen in Wellen an. War eine Staffel im Einsatz, dann waren die anderen drei entweder auf dem Wege zum Schlachtfeld oder auf dem Wege zurück nach dem 20 Flugminuten entfernten Miloyanovka zur erneuten Munitionierung. Die deutschen Piloten griffen die russischen

Panzer mit ihren Kanonen mit Tungsten-Kern-Geschossen von den Seiten oder vom Heck aus an, wo die Panzerung am schwächsten war. Die Mehrzahl der Panzer wurde sofort vernichtet. Nach etwas mehr als einer halben Stunde war die Schlacht beendet. Der russische Angriff war zum Stehen gebracht.

Doch trotz stärkster Luftunterstützung gewannen die deutschen Panzerspitzen nur wenig an Boden und erlitten durch die »Stalinorgeln« der russischen Verteidiger schwere Verluste. Außerdem war die russische Luftwaffe nicht ausgeschaltet, im Gegenteil stärker als je zuvor und daher sogar auch öfters in der Lage, bis zu Zielen im Hinterland der deutschen Front und dortigen Truppenansammlungen durchzudringen.

Als sich die Zangenarme des deutschen Angriffs in der Verteidigung von Kursk festgefahren hatten, begann die russische Armee mit ihrer Gegenoffensive. Der Frontverlauf im Mittelabschnitt hatte die Form eines »S« mit dem deutschen Bogen bei Orel nach Osten und dem russischen Bogen südlich Kursk nach Westen. Am 11. Juli griffen die Russen mit starken Panzerverbänden das nur schwach verteidigte Orel an und machten Geländegewinne. Nach kurzer Zeit wurden die von Norden auf Kursk vordringenden deutschen Truppen in die Verteidigung gezwungen und ihre Reserven im bedrohten Sektor eingesetzt. Die Luftflotte 6 wurde rund um Orel eingesetzt in der Hoffnung, die Russen zu stoppen oder wenigstens ihr Vordringen soweit zu verlangsamen, daß die deutschen Truppen genügend Zeit gewannen, ihre Stellungen zu konsolidieren. Der russische Vormarsch ging zunächst durch ein dichtes Waldgebiet, wo Flugzeuge sie nicht erreichen konnten. Dann aber kam der Panzerverband in offenes Feld und gewann schnell westwärts Raum, da ihm überhaupt keine deutschen Truppen gegenüberstanden, um ihn zu stoppen. Die letzte Hoffnung waren die Panzerbekämpfungs- und Schlachtflugzeuge der Luftwaffe. Wieder einmal zeigte sich die Luftwaffe der schweren Anforderung gewachsen. In einer den ganzen Tag über anhaltenden Schlacht bombten und beschossen Wellen von Flugzeugen die Russen mit dem Erfolg, daß die Spitzen des russischen Angriffs derart verlangsamt wurden, daß die deutschen Truppen Verteidigungsstellungen vorbereiten konnten.

Doch ein solches Übermaß an Beanspruchung konnte nur zu Lasten der erfahrenen Besatzungen, der Flugzeuge und des Treibstoffes gehen. So litten die Schlachtfliegerverbände schnell an einem dreifachen Mangel. Davon war die immer wieder auftretende Knappheit an Treibstoff der ernsteste: Vielen Anforderungen nach Luftunterstützung der Truppe konnte man nicht nachkommen.

Für die Russen existierten derartige Beschränkungen überhaupt nicht, da sie verhältnismäßig kurze Verbindungslinien hatten. Durch stärksten Druck auf den Orel-Bogen gelang es ihnen, die Deutschen allmählich daraus zurückzudrücken. Dazu zwangen russische Gegenangriffe südlich von Kursk die Deutschen hinter ihre Ausgangsstellungen zurück. Am 23. Juli war ersichtlich, daß drei Wochen nach Offensivebeginn der ganze Angriff ein katastrophaler Fehlschlag war. Es sollte tatsächlich der letzte deutsche Großangriff im Osten gewesen sein.

Noch bevor die Schlacht von Kursk zu Ende ging, waren die Deutschen gezwungen, ihre ganze Aufmerksamkeit dem Mittelmeer zuzuwenden. Die Stärke der Luftwaffe auf diesem Kriegsschauplatz war am 3. Juli 1943 folgende:

	Mittl. Mittelmeer	Östl. Mittelmeer	Total
Langstreckenbomber	260	40	300
Sturzkampfflugzeuge	–	65	65
Einmotorige Jäger	380	70	450
Zweimotorige Jäger	100	10	110
Schlachtflugzeuge	150	–	150
Aufklärer	85	70	155
Seeflugzeuge	–	50	50
	975	305	1280

An diesem Tage begannen die alliierten Großangriffe auf die deutschen Flugplätze auf Sizilien, um die Landung dort vorzubereiten. Bei Landung der Alliierten, eine Woche später, hatten die Deutschen über 100 Flugzeuge durch diese Angriffe verloren. Die Mehrzahl der Flugplätze war unbenutzbar geworden. Die übriggebliebenen Fw 190-Kampfbomber wurden in den Raum von Neapel zurückverlegt. Somit war die deutsche Lufttätigkeit fast ausschließlich defensiv. Die Bomberflotte konnte in Anbetracht der erdrückenden alliierten Luftüberlegenheit wenig ausrichten. Die andauernden Luftangriffe auf die Flugplätze auf Sizilien hatten sie für Luftlandungen unbenutzbar gemacht. Etwa 100 Jäger und Jagdbomber versuchten von Flugplätzen an der südlichen Spitze des italienischen Festlandes, den deutschen Truppen in der Endphase des Rückzuges von Sizilien eine Art Luftschirm zu geben, erlitten dabei aber selbst schwerste Verluste.

Während dieser Ereignisse begann die Nacht-Bombenoffensive der

RAF bedrohliche Formen anzunehmen. Seit Beginn des Jahres 1943 konnten die englischen Bomber, gelotst von Pfadfinder-Flugzeugen, die mit den modernen »H2S«- und »Oboe«-Radargeräten ausgerüstet waren, ihre Ziele selbst in den dunkelsten Nächten finden. Sie zerstörten dabei u.a. die Städte Essen, Düsseldorf, Krefeld und Wuppertal schwer. Zur gleichen Zeit wurden die radargelenkten Nachtjagdverbände des Generals Kammhuber verstärkt. Sie hatten Ende Juni 554 Flugzeuge.

Aber während die Wirkung der Nachtjägerverteidigung stetig gesteigert wurde, begann die Wirkung der Flak abzunehmen, da immer mehr ihrer spezialisierten und fronttüchtigen Soldaten zur Ostfront versetzt worden waren und ihre Stellen von alten oder jugendlichen Ersatzleuten und von hilfswilligen russischen Gefangenen eingenommen wurden. Einer dieser Jungen erzählt:

»Am 15. Januar 1943, eine Woche vor meinem 16. Geburtstag, wurde meine Klasse von fünfzehn- und sechzehnjährigen Schülern zum Dienst in einer Flak-Batterie ausgerufen. Wir kamen zu einer schweren Batterie mit anfangs 4, später 6 Geschützen vom Kaliber 10,5 cm in eine Stellung bei Spandau-Johannisstift, einer westlichen Vorstadt von Berlin. Die Batteriestärke bestand aus 2 Offizieren, 30 Unteroffizieren und anderen Dienstgraden, etwa 100 Jungen und schließlich noch 30 russischen Gefangenen. Die Gefangenen und die Soldaten hatten die körperlich schweren Arbeiten in der Batterie zu versehen. Wir Jungen hatten alle anderen Aufgaben vom Befehlsübermittler bis zum Richtkanonier zu übernehmen. Du wirst Dir vorstellen können, daß das eine harte Arbeit für einen 15jährigen Jungen war, bei Schnellfeuer eine Kanone mit 10,5 cm Granaten zu laden, wobei das Rohr oft eine Erhöhung von 40 Grad oder auch mehr hatte. Jede Granate wog ihre 32 lbs. Das Entfernungsmeßgetät erforderte den tüchtigsten Mann, meistens einen von uns Jungen. Mitunter erlaubte uns der Batteriechef, die Kommandos zu geben, das war die bedeutendste Funktion: ›Achtung! . . . . . Gruppe! . . . . . Achtung! . . . . . Gruppe!‹ Wenn der Kampf nur kurz war, dann war auch die Feuerdisziplin gut. Aber welcher Zustand herrschte, falls die Batterie mehr als 100 Schuß zu feuern hatte! Jede Geschützbedienung hatte natürlich den Ehrgeiz, die beste zu sein und die meiste Munition zu verfeuern. Anstelle einer gleichzeitigen Salvenfolge feuerten dann die Geschütze jedes für sich. Wir Jungen waren sehr begeistert. Es war ein schlechter Tag, wenn keine britischen Einflüge waren. Unsere Gefühle waren aber nicht vollkommen selbstlos, denn nach einem Angriff durften wir morgens weiterschlafen und brauchten nicht mehr zur Schule zu gehen!«

Nachtjäger und Flak zusammen forderten von den nächtlichen Angreifern einen hohen Tribut. Im Monat Juni schossen sie zusammen 275 Gegner ab. Da führte die RAF als Antwort auf die deutsche Abwehr das »window« (das Fenster) ein. Es war der Deckname für Metallfolienbündel, die auf die Hälfte der Wellenlänge des deutschen Präzisions-Radargerätes geschnitten waren. Sie wurden von jedem Flugzeug der Angriffsgruppe im Abstand von einer Minute abgeworfen, wobei dann die Bündel zu einer Wolke von radarreflektierenden Streifen auseinandertrieben. Diese Wolken bildeten eine Art Nebelschleier, der radargeleitete Abfangjagd und Flak-Feuer unmöglich machte. Die neue Taktik wurde erstmalig beim Angriff auf Hamburg durch 791 Bomber angewandt und stürzte das gesamte deutsche Abwehrsystem zunächst in ein Chaos, so daß nur 12 Flugzeuge, d. h. 1,5 % der Angriffsluftflotte verloren gingen. In ähnlich erfolgreichen Folgeangriffen am 28. und 29. Juli und schließlich am 2. August wurden große Stadtteile Hamburgs in Asche gelegt und 50 000 Menschen getötet.

Auf Grund des Fiaskos von Hamburg wurden die deutschen Nachtjagdtaktiken völlig geändert. Die bisherige »Himmelbett«-Methode der engen Bodenlenkung wurde durch zwei neue Verfahren ersetzt. Das »Wilde Sau«- und das »Zahme Sau«-Verfahren traten in kraft. Das erstere verlangte das Zusammenziehen der Nachtjägereinheiten über dem Zielgebiet, wo die massierten Scheinwerferkegel und die Markierungsleuchtschirme der Pfadfinderflugzeuge den Himmel auf Meilen beleuchteten und damit die Bomber für die Jäger als Silhouetten erkennbar machten. Die Nachtjäger konnten so ohne Radarbenutzung angreifen. Das machte wiederum die Radarstörung durch das »window« nutzlos. Major Hajo Herrmann stellte ein Geschwader mit einsitzigen Bf 109 und Fw 190 auf, um die neue Taktik auszuwerten.

Auch die zweisitzigen radarausgerüsteten Spezialnachtjäger konnten ebenso in der »Wilde Sau«-Taktik über dem Zielgebiet eingesetzt werden. Doch um ihre größere Kampfkraft voll auszunutzen, entwarf Oberst Victor von Lossberg, ein Nachtjagdfachmann, das »Zahme Sau«-Verfahren. Bei dieser Taktik sollten die gestörten Bodenradarstationen die Nachtjäger dorthin leiten, wo die »window«-Konzentrationen am stärksten waren. Dort sollten dann die Nachtjägerpiloten die feindlichen Bomber optisch suchen.

Im Laufe des Sommers 1943 begannen die Nachtjägergeschwader der Luftwaffe, sich an diese neue Taktik zu gewöhnen. Aber es bedurfte einiger Zeit, und inzwischen konnte die RAF doch schwere Schäden anrichten.

Wenn die »window«-Taktik den Nachtbomberbesatzungen der RAF eine gewisse Atempause vor der deutschen Abwehr verschaffte, dann gab es keine solche für ihre amerikanischen Kameraden beim Tagesangriff. Im Laufe des Frühjahres 1943 waren die Tagesangriffe der US-Luftwaffe auf Ziele in Deutschland noch selten und in großen zeitlichen Abständen gewesen. Sie hatten mehr Versuchscharakter und waren auch stärkemäßig noch begrenzt. Doch im Juli hatten sie sich allmählich zu einer Wirkung gesteigert, die nicht mehr als unerheblich angesehen werden konnte. Das zwang die Luftwaffe, immer mehr Jäger von der Peripherie zur Verteidigung des Reiches zurückzuziehen. Im August 1943 bestand die dafür bereitgestellte Luftflotte aus 400 einmotorigen Jägern Bf 109 und Fw 190 und etwa 80 zweimotorigen Jägern Bf 110 und Me 410. Die zweimotorigen Maschinen, Zerstörer genannt, waren gegen die amerikanischen Bomber besonders schlagkräftig. Sie hatten die Reichweite für langwierige Kämpfe mit den angreifenden Formationen und außerdem eine schwerere Bewaffnung, als die einmotorigen Jäger.

Das war die Lage am 17. August 1943, als eine Flotte von 146 »Fliegenden Festungen«, begleitet von Spitfire- und Thunderbolt-Verbänden, die holländische Küste mit dem Ziel der Messerschmitt-Werke in Regensburg überquerte. Obgleich frühzeitig alarmiert, nahmen die Verteidiger nicht sofort die Abwehr auf. Sie warteten stattdessen bis sich die Formation der deutschen Grenze näherte, wo die Kurzstreckenbegleitung der Jäger infolge Brennstoffmangel kehrtmachen mußte. Dann aber stürzte sich die Luftwaffe auf die Bomber. In einer Reihe von konzentrierten Angriffen warfen sich Wellen von Jagdgruppen auf die Bomberformationen. Die sich anschließende Schlacht dauerte bis zum Ziel und darüber hinaus über eine Strecke von 350 Meilen. Als die dezimierte amerikanische Luftflotte nach Überquerung des besetzten Europas schließlich in Afrika landete, hatte sie 24 Bomber verloren.

Doch damit war die Schlacht dieses Tages noch keineswegs beendet. Kurz bevor die erste Welle Regensburg erreicht hatte, flog eine zweite Welle von 229 Fortress zum Angriff auf die kriegswichtigen Kugellagerwerke in Schweinfurt. Diesmal warteten die Deutschen nicht einmal ab, bis der Jagdschutz abgedreht hatte, sondern griffen sofort an. Als die einmotorigen Jäger schließlich die Thunderbolt-Begleiter vom Verband weglockten, drangen weitere Jäger bis zur Formation der Bomber vor und bekämpften die Fortress mit ihren Kanonen und Maschinengewehren. Als der Geleitschutz schließlich kehrtmachte, kamen weitere ein- und zweimotorige Jäger und schossen außerhalb der Reichweite der amerikanischen 0,5 inch-Maschinengewehre der Fortress, ihre Salven von 210 mm-Raketenbomben in die dichten Pulks der Bomberformationen: 36 Bomber wurden abgeschossen.

Der Doppelangriff auf Regensburg und Schweinfurt kostete die Amerikaner 60 Fortress, d. h. 16 % der eingesetzten Bomberflotte. Weitere 100 Bomber waren beschädigt, viele davon nicht mehr zu reparieren. Dieser Rückschlag führte zu einer Überprüfung der bisherigen amerikanischen Bombertaktik. Von da an bis zum 7. Oktober gab es nur drei Bombereinsätze gegen Ziele in Deutschland, aber auch diese führten nicht tief in das Land hinein.

Nach Einnahme Siziliens konnte es keinen Zweifel mehr geben, daß die nächste alliierte Unternehmung die Landung in Italien selbst sein würde. Aber infolge der Not an der Heimatfront konnten die schweren Verluste der Luftwaffe auf Sizilien nicht wieder aufgefüllt werden. Als die Alliierten am 3. September auf dem italienischen Festland landeten, war die deutsche Luftstärke im Mittelmeerraum auf 880 Flugzeuge abgesunken. Deshalb entschied Generalfeldmarschall von Richthofen, seine Kampf-Flugzeuge für die mit Sicherheit folgenden entscheidenden Schlachten zurückzuhalten. Aus diesem Grunde war die deutsche Reaktion auf die Landung nur schwach.

Am 9. September kapitulierten die Italiener. An diesem Morgen ging die italienische Schlachtflotte von La Spezia aus zur Übergabe nach Malta in See. Die dritte Gruppe des Kampfgeschwaders 100 hatte für einen solchen Fall bei Istrien in voller Bereitschaft gelegen. Der Geschwaderkommodore, Major Bernhard Jope, führte jetzt seine Bomber in den Kampf. Zum ersten Mal sollte die dritte Gruppe des Kampfgeschwaders 100 hierbei die »Fritz X«-Lenkbombe einsetzen. Diese Waffe bestand aus einer üblichen 3300 lbs. panzerbrechenden Bombe mit einer im Schwanzteil eingebauten über Funk gesteuerten Steuereinrichtung, die es ermöglichte, das Geschoß am Ende seiner Flugbahn zu lenken. Jopes Männer erwischten die italienische Flotte, als sie sich der engen Straße zwischen Sardinien und Korsika näherte, und erzielten zwei direkte Treffer auf dem Schlachtschiff »Roma«. Das entstehende Feuer erreichte die Munitionskammern, das Schiff flog in die Luft, brach in zwei Teile und sank. Kurz darauf wurde auch die »Italia« getroffen, aber war noch in der Lage, mit eigener Kraft Malta zu erreichen.

Am gleichen Tage, als die italienische Flotte ausgelaufen war, landeten die Alliierten in Salerno, südlich von Neapel. Hier war nun eine gewaltige Konzentration von Schiffen, ein Ziel, wie es für die »Fritz X« ideal war. Jopes Männer führten ihre Angriffe mit großem Schneid durch und erreichten in den folgenden Tagen Treffer auf dem Schlachtschiff HMS »Warspite«, den Kreuzern HMS »Uganda« und USS »Savannah«. Alle drei erlitten schwere Beschädigungen. Andere Verbände griffen die Schiffsansammlungen mit der Henschel-293-Gleitbombe an, doch gerade diese Bomben hatten bei Salerno nur geringen Erfolg. Gleichzeitig hielten deutsche Kampfflugzeuge, einschließlich der Bf 109, die mit zur Erdzielbekämpfung vorgesehenen Raketenstartrohren ausgerüstet waren, die Truppen am Landungsstrand unter ständigem Druck. Die Luftoffensive der Luftwaffe dauerte bis zum 20. September, bis britische Truppen, die von Süditalien vordrangen, die Flugplätze im Raum von Foggia bedrohten, so daß die Kurzstreckenverbände gezwungen wurden, sich über ihre Reichweite hinaus zurückzuziehen.

Die Pause zwischen den amerikanischen Zermürbungsangriffen dauerte bis zum 8. Oktober 1943. Dann wurden im Laufe einer Woche durch intensive Bombenangriffe die Städte Bremen, Marienburg, Danzig und Münster schwer getroffen. Diese Angriffe trafen auf volle Abwehrbereitschaft der Verteidigung und kosteten die Amerikaner 83 Bomber. Der Rekord kam dann am 14. Oktober, an dem 291 Bomber wiederum die Stadt Schweinfurt angriffen. Hier gab es eine deutsche Reaktion, die ohne Beispiel an Aufwand, Klugheit der Planung und Härte des Zuschlagens war, wie ein amerikanischer Historiker schrieb. Wieder machten Wellen auf Wellen kanonenbewaffneter Jagdmaschinen ihre Angriffe aus kürzester Entfernung auf die Bomberformationen, während gleichzeitig weitere Jäger ihre Raketen und großkalibrigen Kanonen, außerhalb der Reichweite der Verteidigerwaffen, zur Wirkung brachten. War ein Bomber beschädigt und konnte sich nicht mehr in der Formation halten, so wurde er ohne Mühe abgeschossen. Eine große Zahl einmotoriger Jäger konnten nach dem ersten Angriff auftanken, munitionieren und die Bomber spätestens auf ihrem Rückflug nochmals angreifen. Das Ergebnis der Luftschlacht wurde zu einer

Katastrophe für die 8. amerikanische Luftflotte. Es wurden 60 Fortress abgeschossen, 17 weitere schwer beschädigt, 121 Bomber hatten leichtere Schäden. Damit waren von einer Einsatzstärke von 291 schweren Bombern eine Zahl von 198 Flugzeugen entweder zerstört oder beschädigt. Im Vergleich dazu hatten die »Fliegenden Festungen« nur 38 deutsche Jäger abschießen und weitere 20 beschädigen können.

So mußten auch die Amerikaner lernen, daß selbst ihre so außerordentlich schwerbewaffneten und gepanzerten Bomber es sich bei Tage nicht leisten konnten, zum Schlagabtausch mit der deutschen Jagdabwehr anzutreten. Aber die Amerikaner weigerten sich, ihre Niederlage einzugestehen. Sie wollten unbedingt den Beweis antreten, daß die Lehren aus der Schlacht um England nicht unabänderlich gültig blieben und daß trotz der Niederlage die Tagesbombenangriffe auch bei mächtiger Jagdabwehr doch zu einer lohnenden Luftkriegstaktik entwickelt werden könnten. Als sie es dann später tatsächlich unter Beweis stellten, mußte die Luftwaffe die schwerste ihrer Niederlagen hinnehmen.

Das Ende

«Krieg ist der Zusammenstoß zweier gegnerischer Streitkräfte, bei dem natürlich der Stärkere nicht nur den anderen zerstört, sondern ihn auch in seiner Bewegung mitreißt.«

Generalmajor Carl von Clausewitz: »Vom Kriege«, *veröffentlicht 1832*

»Der Feind weiß, daß er erst unsere Jäger wegfegen muß. Sobald er das getan hat, kann er mit dem deutschen Volk ballspielen.«

Generalfeldmarschall Erhard Milch anläßlich einer Besprechung im März 1944

Anfang 1944 hatte das Oberkommando der Luftwaffe eine kurze Zeit lang Grund zu hoffen, daß das Allerschlimmste vorbei sei. Die Tagjäger hatten die amerikanischen Tagesangriffe zum Stillstand gebracht. Die Nachtjagdabwehr hatte mit ihren neuen Taktiken, die durch das »window« heraufbeschworene Gefahr überwunden. Die Ostfront war nach einem Jahr härtester Kämpfe einigermaßen stabilisiert. In Italien machten die Alliierten nur sehr langsam Fortschritte.

Es war Milchs großen Anstrengungen zu verdanken, daß die Steigerung der Flugzeugproduktion den Rüstungsstand wesentlich verbessert hatte, wie es aus der folgenden Übersicht erkennbar ist:

	1. Januar 1943	1. Januar 1944
Langstreckenbomber	1135	1580
Schlachtflugzeuge	270	610
Einmotorige Jäger	1245	1535
Zweimotorige Jäger	495	905
Aufklärer	675	755
Seeflugzeuge	135	200
	3955	5585

Darüber hinaus erwartete man noch neue Typen. Schlachtfliegerversionen der Fw 190 (Jäger) wurden in annehmbarer Stückzahl als Ersatz der veralteten Ju 87 herausgebracht. Die Bomber Ju 188 und die He 177 ersetzten allmählich die Ju 88 und die He 111. Die Me 410 und die He 219 wurden für die veralteten Bf 110 als schwere Jäger bzw. als Nachtjäger in Dienst gestellt. Für die Zukunft war der Strahljäger Me 262 die große Hoffnung. Er sollte im Sommer in großen Stückzahlen an die Front kommen. Kurze Zeit später sollte ihm der vielversprechende Düsenbomber Arado 234 folgen. Die Prototypen dieser beiden hochentwickelten Düsenmaschinen flogen bereits.

Bei den strategischen Waffen gingen zwei spektakuläre Neuentwicklungen in die Serienproduktion: Die »fliegende Bombe« Fieseler 103 und die Langstreckenrakete A 4. Sie waren allgemein in England als die »V 1« und die »V 2« bekannt. Das V bedeutete »Vergeltungswaffe«. Die A 4 wurde nicht von der Luftwaffe, sondern vom Heer eingesetzt und wird daher im Rahmen dieses Buches nicht näher behandelt. Der Besitz dieser neuen Waffen verführte die Deutschen zu der Annahme, daß sie London einäschern könnten und darüber hinaus in der Lage wären, bei einer möglichen Invasionsabsicht der Engländer bzw. Alliierten alle Truppenansammlungen zerschlagen zu können.

Es gab aber noch weitere Gründe für einen gedämpften Optimismus. Die Treibstofflage hatte sich bemerkenswert verbessert, da das Nachlassen der Einsätze gegen Jahresende mit einer Rekordproduktion von Treibstoffen zusammenfiel. Es waren größere Reservevorräte als jemals nach 1941 vorhanden. Ferner hatte sich die Ausbildung von Flugzeugbesatzungen seit dem Stalingrad-Rückschlag sehr verbessert, obwohl auf diesem Gebiet immer noch viel mehr hätte getan werden müssen. Zu dieser Zeit hatten deutsche Jägerpiloten etwa 160 Schulflugstunden, bevor sie an die Front kamen. Britische Piloten absolvierten dagegen 360 und amerikanische mehr als 400 entsprechende Flugstunden.

Tatsächlich war es so, daß die Gesamtsituation, in der sich die Deutschen befanden, mit »Ruhe vor dem Sturm« umschrieben werden kann. Schon die ersten Monate des neuen Jahres brachten die Deutschen schnell zurück in die rauhe Wirklichkeit. Nach einer Pause setzten nun die Bombenangriffe bei Tage erneut ein. Die amerikanische Antwort auf die verstärkte deutsche Abwehr war im Grunde die gleiche, die die Luftwaffe in der Schlacht um England versucht hatte: der Geleitjagdschutz. Durch Ausrüstung der Thunderbolt und der Mustang mit Ab-

58

wurftanks konnten diese Einsitzer die Bomberformationen bis weit nach Deutschland hinein begleiten. Doch waren die amerikanischen Weitstreckenjäger bei weitem nicht die »lahmen Enten«, wie es die Bf 110 als Begleitjäger über England gewesen waren, vielmehr übertraf die Mustang mit ihren dünnen Schichtflügeln alle Gegner an Leistung. Die Abwurftanks nahmen ihr nur 35 Meilen/Stunde der Spitzengeschwindigkeit. Sobald diese abgeworfen war, war sie über 50 Meilen/Stunde schneller als die damals im Dienst befindlichen Bf 109 und Fw190. Sie konnte schneller stürzen und enger kurven als alle deutschen Typen.

Am 4. Januar 1944 begleiteten Mustangs die Bomberverbände nach Kiel und Münster. Am folgenden Tage flogen Thunderbolts bis südlich von Bordeaux. Im März flogen die Mustangs mit je zwei noch größeren Abwurftanks von 75 Gallonen und hatten damit eine Eindringtiefe von ca. 1000 km, d. h. sie gelangten bis Berlin. Wenig später wurden sogar zwei noch größere Tanks von je 108 Gallonen aufgehängt, wodurch die Eindringtiefe auf ca. 1300 km gesteigert wurde, was für jede mögliche Zielentfernung in Deutschland und im besetzten Europa ausreichte.

Unter dem Kommando des energischen William Kepner, Generalmajor der United States Air Force, nahm die Kampfstärke der angriffslustigen amerikanischen Begleitjäger laufend zu. Er lief nicht in die Falle, seine Piloten in unmittelbarer Nähe der Bomber zu binden, sondern erlaubte den jungen Staffelkapitänen, selbst zu entscheiden, ob der Feind verfolgt werden sollte oder nicht. Während der langen Anflüge mußten die Begleitjäger ausgedehnte Kurven fliegen, um bei den Bombern zu bleiben. Das schränkte die wirksame Eindringtiefe drastisch ein. Die Amerikaner lösten das Problem dadurch, daß sie die einzelnen Jägerwellen am Bombergeleit in Intervallen von 300 km ablösen ließen. Nach der Entlastung aus dem Geleit durften die Jäger ausschwärmen und ihre restliche Munition nach Gutdünken gegen Boden- oder Luftziele feuern. Das bedeutete, daß sich von da an kein deutsches Flugzeug bei Tage in der Luft sicher fühlen konnte. Unbewaffnete Transport-, Kurier- und Schulmaschinen, die ihren normalen Aufgaben nachgingen, sogar Flugzeuge in der Erprobung, alle waren in Gefahr, von zurückkehrenden Begleitjägern angegriffen zu werden.

Das wirkte sich zu einer Katastrophe für die Luftwaffe aus. Die zweimotorigen Zerstörerverbände waren die ersten, die schwere Verluste erlitten. Am 16. März zum Beispiel griffen 43 Bf 110 der Dritten Gruppe des Zerstörergeschwaders 76 eine Fortress-Formation bei

Augsburg an. Während sie mit den Bombern beschäftigt waren, stieß die mächtige Mustang-Eskorte in sie hinein. Bei der folgenden einseitigen Schlacht wurden die Messerschmitts bis zu ihren Stützpunkten zurückgejagt und 26 von ihnen abgeschossen. Nach kurzer Zeit waren die zweimotorigen Tagjägerverbände gezwungen, alle Einsätze gegen amerikanische Bomber aufzugeben.

Vor dem Auftauchen der amerikanischen Langstrecken-Begleitjäger war beabsichtigt, die Schlagkraft der deutschen einmotorigen Jäger soweit zu erhöhen, daß sie die robusten amerikanischen Bomber leichter zusammenschießen konnten. Aber die zusätzliche Bewaffnung kostete auch zusätzliches Gewicht. Das brachte wiederum die Jägerpiloten in eine noch ungünstigere Lage, wenn sie mit den Geleitschutz-Jägern zu kämpfen hatten. Zur Lösung dieses Problems stellte der General der Jagdflieger, Generalmajor Galland, getrennte »schwere« und »leichte« Jagdgruppen auf. Die schweren Jagdgruppen waren mit den schwerer bewaffneten und gepanzerten Versionen der Fw 190 und Bf 109 ausgerüstet. Sie sollten die Bomber angreifen. Die leichten Jagdgruppen bestanden aus Bf 109, die schwächer bewaffnet waren, dafür aber einen stärkeren Motor hatten, damit sie sich mit etwas mehr Aussicht auf Erfolg in einen Kampf mit den Begleitjägern einlassen konnten. Doch auch diese Taktik schaffte keine bleibende Lösung. Die amerikanischen Begleitjäger waren häufig in einer derartigen Überzahl, daß sie die leichten Jäger allein dadurch überwältigen konnten; anschließend stießen sie in die Gruppe der schweren Jäger und verursachten dort große Verluste. Im April berichtete Generalmajor Adolf Galland an seine Vorgesetzten:

»Zwischen Januar und April 1944 verlor unser Tagjägerverband mehr als 1000 Piloten. Darunter waren unsere besten Staffelkapitäne, Gruppenkommandeure und Geschwaderkommodoren. Jeder Feindflug kostete uns etwa 50 Besatzungen. Die Zeit ist gekommen, wo unser Verband vor dem Zusammenbruch steht!«

Die weniger gut ausgebildeten Ersatzpiloten waren ihren amerikanischen Feinden nicht gewachsen, die von Monat zu Monat zuversichtlicher und aggressiver wurden. Die Deutschen verloren nach und nach die Kontrolle über den Luftraum ihres eigenen Landes.

Das Mittel zur Rettung aus allen Nöten hatte man sozusagen bereits in der Hand! Es war die neue Me 262, ein Jäger mit Strahlantrieb. Die große Bedeutung dieses Flugzeuges lag in der Spitzengeschwindigkeit von ca. 800 km/h. Das war schnell genug, um sogar die Mustang auszumanövrieren. Gleichzeitig war die Bewaffnung der Me 262 so stark – vier 30 mm-Kanonen –, daß damit die amerikanischen Bomber in Stücke geschossen werden konnten.

Aber welch eine Ironie des Schicksals, daß der Fehler der Me 262 für die deutschen Piloten der war, daß sie »zu gut« war! Da man die Maschine auch mit zwei schweren Bomben ausrüsten konnte, sah Hitler in ihr sofort ein Mittel, alliierte Landungsversuche unmöglich zu machen. Es kann auch kein Zweifel daran bestehen, daß bei Vorhandensein einer ausreichenden Anzahl dieser Jagdbomber die geplante Invasion ernsthaft gestört worden wäre. So befahl Hitler Ende 1943, daß die Me 262 zunächst nur als Jagdbomber eingesetzt werden sollte. Die Gegenargumente Görings, Milchs und der führender Jagdverbandsführer brachten ihn nicht von seiner Entscheidung ab. Seine Meinung hatte sich derartig verhärtet, daß er im Frühjahr 1944 sogar anordnete, daß keine Me 262 als »Nur-Jäger« gebaut werden durfte. Milch erinnerte sich später in einem Gespräch mit dem Autor:

»Hitler glaubte, daß die Jägerpiloten ein feines Leben hatten. Sie lebten in ihren Messen, um gelegentlich zu fliegen und dann und wann mit dem Gegner ein ritterliches Duell auszutragen. Inzwischen aber litten die Bodentruppen große Not und bekamen keine Entlastung. Anfangs hatte er zuviel für die Jäger übrig, dann aber mehr für die Bomber, weil er glaubte, daß sie allein dem Heer helfen könnten!«

Sicherlich kann man Hitlers Sympathie für den Frontsoldaten, der durch den Schlamm an der Front watete, gut verstehen. Er war ja im Ersten Weltkrieg auch einer von ihnen gewesen. Dennoch war seine Entscheidung ein gigantischer Fehler. Der Düsenjäger mußte für die Bomberaufgabe verstärkt werden. Das kostete eine Verzögerung von 6 Monaten in der Serienfertigung dieser Maschine. Das Endergebnis dieser Fehlentscheidung war, daß der Jäger nicht im März zur Verfügung stand, als er unter den amerikanischen Bombern Verluste in der Größenordnung der Schweinfurt-Niederlage hätte herbeiführen können, sondern als Bomber erst im September 1944 einsatzbereit war. Das aber war der Zeitpunkt, zu dem die Entscheidung bereits gefallen war, und er nur noch wenig ausrichten konnte.

Im Spätsommer 1943 hatte die »window«-Störung der RAF die deutschen Abwehrverbände in die Nähe eines Chaos gebracht. Die neuen »Sicht«-Abfangverfahren »Wilde Sau« und »Zahme Sau« waren infolge des Fehlens einer Radarausrüstung, die durch das »window« hätte »durchsehen« können, nur als Notbehelf eingeführt worden, um den deutschen Städten eine gewisse Form der Verteidigung gegen die zermürbenden Angriffe der RAF zu geben. Inzwischen aber hatten die Angreifer immer neue Taktiken und Geräte eingeführt, um die Initiative zu behalten.

Beide deutschen Nachtjagdverfahren waren aber von der Übermittlung genauester und neuester Informationen über die Position der britischen Bomberformationen an die Jägerbesatzungen abhängig. Natürlich konnte auch dieses ganze Verfahren zusammenbrechen, dann nämlich, wenn der Empfang dieser Informationen durch die Jägerpiloten verhindert wurde. Das bezweckte im Herbst 1943 die RAF durch Verstärken der Störung auf den deutschen Sprechfunkkanälen.

Als Antwort darauf vervielfachten die Deutschen die Anzahl ihrer Funkkanäle, auf denen sie mit ihren Jägern verkehrten. Damit wurden die britischen Störwirkungen umgangen. Mittlerweile hatten die deutschen Jägerbesatzungen in der Anwendung ihrer Taktiken mehr Erfahrung gesammelt. Zusammen mit der Einführung des Nachtjagdradargerätes »SN-2«, das durch den Nebelschleier des »window« sehen konnte, gelang es ihnen, zunehmend größere Opfer von den Angreifern zu fordern.

Am 21. Januar 1944 wurden von 648 Bombern, die Magdeburg angriffen, 55 Bomber abgeschossen. Eine Woche später von 683 Berlin angreifenden Bombern waren es 43 Maschinen, die den Nachtjägern zum Opfer fielen. Diese Ergebnisse wurden am 19. Februar sogar noch übertroffen, als von 823 die Stadt Leipzig angreifenden Bombern 78 abgeschossen wurden. Die heftige Schlacht zwischen dem Bomber Command der RAF und der deutschen Nachtabwehr näherte sich ihrem Höhepunkt. Zwischen den großen Schlachten gab es auch kleinere. Das Kriegstagebuch des Nachtjagdgeschwaders 6 für einen zwölftägigen Zeitabschnitt im März 1944 vermittelt aus deutscher Sicht einen Eindruck von der unerbittlichen Härte der Kämpfe. Das Nachtjagdgeschwader 6 war Teil der 7. Jagddivision, die für die Luftabwehr im süddeutschen Raum verantwortlich war. Das Geschwader besaß nicht die volle Frontstärke und hatte nur zwei Gruppen Bf 110, die in Finthen bei Mainz und in Echterdingen bei Stuttgart stationiert waren. Dazu gehörten eine Anzahl Ju 88 zur Auffindung der Bomberformationen und für den Abwurf von Rauchzeichen zur Positionsmarkierung.

15. März:
Einflug mit Gegnerziel Stuttgart. Eigner Start verfrüht, Treibstoff daher vorzeitig knapp. 26 Bf 110 und 3 Ju 88 gestartet. 3 viermotorige Bomber mit Sicherheit, 2 weitere wahrscheinlich abgeschossen. 5 Bf 110 machten Bruchlandung wegen Treibstoffmangel, 1 Bauchlandung, 1 in Zürich-Dübendorf zur Landung gezwungen. (Verluste der RAF in dieser Nacht: 36 von 863 eingesetzten Bombern.)

18. März:
Englischer Einflug in Luftraum Frankfurt-Mannheim-Darmstadt (Ziel Frankfurt). 24 Bf 110 und 2 Ju 88 gestartet. 1 Bomber mit Sicherheit, 3 weitere wahrscheinlich abgeschossen. Eigene Verluste: 1 Bf 110 abgeschossen, 1 von feindlichem Nachtjäger gerammt abgestürzt. (Verluste der RAF: 22 von 846 im Einsatz befindlichen Maschinen.)

22. März:
Gegnerziel Frankfurt. 21 Bf 110 und 2 Ju 88 eingesetzt. Oberleutnant Becker errang 6 Luftsiege. (Martin Becker war bei Kriegsende Hauptmann mit 57 Abschüssen.) Die Luftlage war vollkommen unklar. Der Feind drehte von nördlich Terschelling nach Südost in Richtung Osnabrück, Bewegung jedoch nicht erkannt. Ab Osnabrück dann Kontakt. Feindliche Hauptmacht jedoch erst eben nördlich Frankfurt aufgefaßt. (Verluste der RAF: 33 von 816 eingesetzten Flugzeugen.)

23. März:
Falsche Feindinformation über Einflug in östlicher Richtung. Gegnerziel Paris (tatsächlich Laon). 20 Bf 110 und 1 Ju 88 gestartet, jedoch umsonst. (Verluste der RAF: 2 von 143 eingesetzten Maschinen.)

24. März:
Feindeinflug über Nordsee und Jütland nach Berlin. Der Rückflugkurs berührte nördlichste Spitze unseres Divisionsluftraumes. Funkbake 12 wurde gestört. Schwere Vereisungen beim Durchbruch durch die Wolkendecke. Vergebliche Versuche zur Kontaktgewinnung mit rückfliegenden Bomberverbänden. Unsere eigenen Leuchtzeichen über Berlin zu hoch. Sehr gute Feuerdisziplin der Flak über Berlin. Trotz Störung durch den Gegner eigner Leitsprechverkehr auf den Kanälen gut zu hören. Eingesetzt waren 11 Bf 110 in Richtung Berlin, 5 Bf 110 gegen

Rückkehrer, 3 Bf 110 im »Himmelbett«-Einsatz und 1 Ju 88 im Aufklärungsdienst. Ein Luftsieg durch Oberleutnant Becker. (Verluste der RAF: 72 von 811 eingesetzten Maschinen – offensichtlich hatten andere Geschwader mehr Erfolg.)

26. März:

Einflug von etwa 500 Bombern über Zuidersee auf Ostkurs zum Rhein. Schwenkung nach Süden gegen Essen-Oberhausen-Duisburg (Ziel war Essen). Unsere Radar- und Bodenbeobachter erkannten Schwenkung zu spät. Eigene Aufklärung durch 1 Ju 88, geflogen von Hauptmann Wallner, meldete Feindtätigkeit über gesamtem Ruhrgebiet. Feindeinflugrichtung und Rückflüge konnten aus dem laufenden Sprechfunkverkehr nicht erkannt werden, deshalb Eindringen in Bomberformationen nicht möglich. Durch Umwegeinfluß und starken Gegenwind konnte die Gruppe II des Nachtjägergeschwaders 6 nicht vor Ende des Angriffs im Zielraum eintreffen. Schwere Vereisung berichtet. 21 Bf 110 im »Zahme Sau«-Einsatz, 3 Bf 110 im »Himmelbett«-Einsatz und 1 Ju 88 im Aufklärungsdienst. 3 Bf 110 durch Brennstoffmangel verloren, 1 Bauchlandung. (Verluste der RAF: 9 von 705 eingesetzten Maschinen.)

Die deutschen Jagdpiloten waren angewiesen, die Eindringlinge bis zur Grenze ihrer Flugausdauer zu verfolgen. Nach Feindberührung sollten sie ihren Einsatz nur dann abbrechen, wenn der Treibstoff auszugehen drohte. So hatten sie wenig Reserve zur Verfolgung eines Korkenzieher fliegenden Bombers und gingen verloren. Dennoch wurden diese Verluste durch Treibstoffmangel riskiert und zugelassen. Es gehörte eben zum »Zahme Sau«-Verfahren. Die deutschen Besatzungen waren bereit, das Risiko auf sich zu nehmen. Es war ihre vergleichbare Gegenleistung zur Schlacht um England. Sie kämpften zur Verteidigung ihrer Heimat und ihrer Angehörigen mit dem gleichen Schneid und der gleichen Verbissenheit, wie ihre britischen Gegner im Jahre 1940. Die Kombination von vertrauten und erfolgreichen Taktiken mit der Bereitschaft zum Risiko und der Einführung des neuen »SN 2«-Radargerätes machte sich bezahlt.

Der Höhepunkt der Nacht-Bombenangriffe der RAF kam in der Nacht vom 30. März, als 781 Lancaster und Halifax zur Bombardierung von Nürnberg einflogen. Es war eine sehr kalte und mondhelle Nacht, so daß die Bomber dichte weiße Kondensstreifen hinter sich herzogen.

Dazu kam, daß starke Höhenwinde zum Verlust der Fühlung innerhalb der Formationen führten und die Flugzeuge über einen weiten Raum zerstreut waren. Dieses Mal arbeiteten der deutsche Luftkontroll- und Meldedienst und 21 Gruppen Nachtjäger perfekt zusammen. Etwa 200 Jagdflugzeuge starteten zum Angriff. Es gab eine wahre Katastrophe für das RAF-Bomberkommando. Die Verluste der RAF betrugen 94 Bomber, weitere 46 Maschinen wurden schwer beschädigt.

Wie Schweinfurt ein Wendepunkt des Glücks für die amerikanischen Bomber darstellte, so war es Nürnberg für die britischen Nachtbomber. Die Gründe sind aus dem weiteren Verlauf ersichtlich. Das Bomberkommando richtete in der Zwischenzeit seine Hauptangriffe und Ziele unter den Verkehrsverbindungen im weniger stark verteidigten Frankreich und Belgien. Das war die Vorbereitung auf die bevorstehende Invasion. Zum ersten Male seit 1940 erfreuten sich die deutschen Städte einiger ruhiger Nächte.

Während die deutsche Luftabwehr mit wechselndem Erfolg gegen die überlegenen britischen und amerikanischen Bomberformationen kämpften, hatten die eigenen deutschen Angriffe auf strategische Ziele in England nur geringen Erfolg. Die Bombenangriffe der Luftwaffe auf England, die unter dem Decknamen »Steinbock« am 21. Januar 1944 mit einem Angriff auf London begannen, hörten dann gegen Ende Mai wieder ganz auf. Sie richteten in der Hauptstadt und den anderen angegriffenen Städten nur geringe Schäden an, brachten aber den Bomberverbänden der Luftwaffe schwere Verluste.

Die Abschußbasen für die Fi 103, die »fliegende Bombe«, auch V 1 genannt, wurden von den Aufklärern des RAF schon frühzeitig erkannt. Ihre Bedeutung und Zweckbestimmung war bald klar. Sie wurden daher von einer gemischten Kampfgruppe leichter und schwerer Bomber der alliierten taktischen Luftflotte noch vor ihrer Einsatzbereitschaft zerschlagen. Dazu war die Auslieferung der fertiggestellten Flugbomben derartig schleppend und ungewiß, daß die Eröffnung dieser »Roboter«-Angriffe immer wieder verschoben werden mußte.

Am 6. Juni 1944 begannen die westlichen Alliierten ihre langerwartete Invasion in Frankreich. Der Befehlshaber der Luftflotte 3 in Frankreich und Belgien, Generalfeldmarschall Sperrle, hatte nur 198 Bomber und 125 Jäger zur Verfügung. Im Süden hatte das Fliegerkorps X noch zusätzlich etwa 200 Flugzeuge zur Schiffsbekämpfung, die zum Teil mit der »Fritz X« und der »Hs 293«-Rakete ausgerüstet waren. Hiergegen stellten die Alliierten eine gigantische Luftmacht von mehr als 3000 Bombern und 5000 Jägern auf. So wurden die deutschen Verbände, die bei Tage bis in die Normandie vorzudringen versuchten, buchstäblich in Stücke zerschlagen. Die Schiffsbekämpfungseinheiten, die bei Nacht angriffen, erlitten unverhältnismäßig hohe Verluste im Vergleich zu den eigenen geringen Erfolgen. Innerhalb der ersten zehn Tage der Invasion wurden nur 5 Schiffe im direkten Angriff versenkt; schließlich gaben die Deutschen den Gedanken an direkte Angriffe auf Schiffsziele ganz auf. Sie richteten jetzt alle Kräfte darauf, die engen Küstengewässer zu verminen. In den folgenden 6 Wochen wurden mehr als 3000 Minen verschiedenartiger Konstruktion, darunter auch die neuen Druckzündungsminen, geworfen. Den letzteren konnte man nur dadurch begegnen, daß man alle Bewegungen auf flachem Wasser nur im Schneckentempo ausführte. Bis Ende Juli hatte die Minenoffensive den Verlust von 7 Zerstörern, 2 Minensuchern und 17 Handels- und Hilfsschiffen verursacht. Die Minen verursachten zwar erhebliche Schwierigkeiten, doch weder sie noch die durch sie entstandenen Verluste konnten die größte jemals versammelte Invasionsflotte ernstlich behindern.

Die sichere Landung der Invasionsarmee in Frankreich enthob die alliierten Bomberflotten der Zermürbungsangriffe auf die deutschen Städte. Sie konnten sich der deutschen Achillesferse der Kriegswirtschaft, der Treibstoff-Versorgung, zuwenden. In kurzer Reihenfolge erlitten die Produktionsanlagen für synthetische Treibstoffe, die ganz Deutschland überzogen, in Brüx, Böhlen, Leuna, Lützendorf, Zwickau, Magdeburg, Ruhland, Zeitz und Pölitz schwerste Schäden. Durch das Einschleusen der Bomberverbände durch Frankreich, wo eine Flugmeldeorganisation praktisch nicht mehr vorhanden war, konnte die RAF die für sie gefährliche Aufmerksamkeit der deutschen Luftabwehr umgehen. Die Nachtbomber hatten außerdem jetzt ihren eigenen Jagdschutz und Radarstörungsunterstützung gegen die neu einsatzbereite Jagdgruppe 100.

Die Auswirkungen der Tag- und Nachtangriffe auf die deutschen Raffinerien waren prompt und vernichtend. Die Treibstoffherstellung fiel von über 195 000 Tonnen im Mai auf 52 000 Tonnen im Juni. Die Treibstofflage wurde katastrophal: Im Juli konnten nur noch 35 000 Tonnen im August nur 16 000 Tonnen und im September schließlich nur noch unbedeutende 7000 Tonnen erzeugt werden. Bei einem Monatsverbrauch von 150 000 Tonnen konnten nicht einmal die Reserven von

66

500 000 Tonnen, die im Winter zusammengespart worden waren, das sich abzeichnende Schicksal wenden.

Die ersten Leidtragenden waren natürlich die Fliegerausbildungsschulen, die zum größten Teil geschlossen wurden; ihre halbausgebildeten Piloten wurden zum Einsatz bei der Infanterie an die Front geschickt. Dann kamen die Bomberverbände, die zumeist auch aufgelöst wurden. Aufklärungsflüge wurden drastisch eingeschränkt. Jagdbomberunterstützungen wurden auf »entscheidende Lagen« beschränkt. Nur die Jagdfliegereinsätze zur Luftabwehr konnten ohne Einschränkung weitergeführt werden. Das einzige nicht von der kritischen Treibstofflage abhängige Flugzeug war der Düsenjäger, der nur ein niedergradiges Öl verbrauchte, das verhältnismäßig reichlich vorhanden war.

In der Nacht vom 12. Juni 1944, sechs Monate später als ursprünglich geplant, traf die erste Flugbombe Fi 103 die Hauptstadt London. Der Plan für die erste Nacht der Bombardierung sah zwei große Raketensalven auf London vor. Die erste sollte um 23 Uhr, die zweite um 4 Uhr am nächsten Morgen gestartet werden. Es meldeten sich jedoch viele Abschußrampen nicht einsatzbereit, so daß nur 10 Bomben abgeschossen wurden, von denen vier England und überhaupt nur eine die Hauptstadt erreichten. Nach diesem etwas holprigen Anfang trat eine Verzögerung von drei Tagen ein, bis der Beschuß wieder aufgenommen werden konnte. Er nahm dann den Umfang von 120 bis 190 Bomben täglich an und dauerte bis Ende des Monats.

Das Flak-Regiment 155 unter Oberst Wachtel war für die Bedienung der Rampen verantwortlich und hielt diese Salvenfolge im Juli und auch während des größten Teils des Monats August durch. Da es den alliierten Bodentruppen gelang, eine Abschußrampe nach der anderen zu erobern, fiel die Schußfolge gegen Ende August immer mehr ab. Am Morgen des 1. September endete die Anfangsphase der Beschießung, nachdem 8 564 Flugbomben auf London gestartet worden waren.

Infolge der Eroberung der Abschußbasen durch den Feind begann die Luftwaffe die He 111 als »fliegende«Abschußrampe für die V 1 einzusetzen. Bald war ein ganzes Geschwader, das Kampfgeschwader 53, mit über 100 Heinkel-Maschinen für diese Aufgabe eingeteilt. Die V 1 war unter den Flügeln der Startermaschine zwischen Backbordmotor und Rumpf aufgehängt. Sie beschränkte die Leistung der ohnehin veralteten Bomber erheblich. Um bei der überwältigenden britischen Abwehr überhaupt überleben zu können, mußten die deutschen Besatzungen ihre Angriffe bei Nacht, in geringster Flughöhe und unterhalb der britischen Radarkette durchführen. Die Starterflugzeuge setzten ihren Anflug tief über der See in ca. 300 Fuß Flughöhe an. Sobald sie etwa 40 sm Entfernung zum Ziel erreicht hatten, zogen sie auf 1 500 Fuß hoch und starteten ihre Rakete. Dann kehrten sie auf geringster Flughöhe zu ihren Basen zurück.

Die unregelmäßigen Fernbombenangriffe dauerten bis in das Jahr 1945 hinein an. Sie endeten schließlich am Morgen des 14. Januar, als die letzte aus der Luft gestartete V 1 in der Nähe von Hornsey explodierte. Von den insgesamt 1 200 aus der Luft gestarteten Raketen überquerten nur 638 die englische Küste oder wurden von der Abwehr gesichtet. Von ihnen erreichte nur $1/_{10}$ die anvisierten Ziele. Alle anderen waren weder Versager, was u. a. an Ungenauigkeiten in der Steuerung lag, oder wurden von der Abwehr abgeschossen.

Im Herbst 1944 wurde der kommende Niedergang der Bomberflotte, der Aufklärer- und der Schlachtfliegerverbände deutlich. Einsätze nach festem Plan konnten an keiner Front mehr erfolgen. Ein deutscher Soldat an der Westfront meinte dazu: »Wenn das Flugzeug Tarnfarben hat, dann ist es ein englisches, wenn es silbern glänzt, wissen wir, es ist ein amerikanisches, und wenn es überhaupt nicht zu sehen ist, dann ist es ein deutsches!«

In diesem Herbst konnte sich die deutsche Erzeugung von synthetischem Treibstoff nochmals leicht erholen. Mit der wieder anlaufenden Produktion stieg der Ausstoß von Flugzeugtreibstoffen im Oktober auf 18 000 Tonnen im November sogar auf 39 000 Tonnen. Das war bei gut überlegtem Einsatz immerhin ausreichend, um der nahezu paralysierten Luftwaffe wenigstens zeitweise wieder etwas Leben einzuhauchen.

Eine weitere wichtige Entwicklung in diesem Zeitabschnitt war die Auslieferung von mehr und mehr Düsenjägern Me 262 und Ar 234 an die Frontverbände. Im September hatte Hitler das Verbot des Einsatzes der Me 262 als Jäger etwas gemildert. In dem Tagebuch von Karl-Otto Saur, dem Generalbevollmächtigten für die Jägerproduktion, ist über die Führerbesprechung zwischen dem 21. und 23. September folgendes zu lesen:

»Die Ar 234 wird mit aller Beschleunigung weiter als Bomber in größtmöglichen Stückzahlen herausgebracht. Da es möglich ist, daß dieses Flugzeug bei Nahzielen mit drei 1 100 lbs-Bomben und bei Fernzielen mit einer 1 100 lbs-Bombe unter weitaus günstigeren Umständen eingesetzt werden kann als die Me 262 als Bomber, bestätigt der Führer sein früher gegebenes Versprechen, daß der General der Jagdflieger für jede einzelne frontreif ausgelieferte Ar 234 als Bomber einen frontreifen Jäger Me 262 zugewiesen erhält!«

Die Deutschen nutzten die Pause in der Kampftätigkeit im Spätherbst 1944 gut aus. Unter allergrößten Geheimhaltungsmaßnahmen versammelte die Luftwaffe an der Westfront eine eindrucksvoll starke Luftflotte. Sie bestand aus:

Langstreckenbomber	55
Düsenbomber	40
Schlachtflieger	390
Einmotorige Jäger	1770
Zweimotorige Jäger	140
Aufklärer	65
	2460

Noch wichtiger als die Zahl der Flugzeuge war, daß die Deutschen genügend Treibstoff für den Einsatz horten konnten. Die Luftflotte sollte den Luftschirm für Hitlers letztes, verzweifeltes Abenteuer im Westen übernehmen. Es war das Unternehmen »Wacht am Rhein«. Eine Armee von 200000 Soldaten sollte zusammen mit 7 Panzerdivisionen einen Keil durch den schwach verteidigten Ardennensektor der anglo-amerikanischen Front treiben und den mehr als 120 km entfernten und für die Alliierten lebenswichtigen Hafen Antwerpen erobern.

Die Luftwaffe hatte bei diesem Unternehmen eine zweifache Aufgabe. Sie sollte erstens die gegnerische Luftflotte durch einen Überraschungsüberfall auf die frontnahen Flugplätze ausschalten und danach mit einem Schirm von Jägern das Schlachtfeld absichern. Nach Sicherstellung der Luftüberlegenheit im Kampfraum sollten die Schlachtflugzeuge und Kampfbomber der Truppe die notwendige Bodenunterstützung geben. Bomber und Nachtkampfflugzeuge sollten die gegnerischen Reserven und Verstärkungen zurückschlagen.

Die deutsche Offensive begann am Morgen des 16. Dezember 1944, jedoch ohne den geplanten Ausschaltungsschlag gegen die alliierten Flugplätze. Dicker Nebel an diesem und auch an den folgenden Tagen verhinderte auf beiden Seiten jegliche Lufttätigkeit. Doch die Deutschen hatten weit mehr zu gewinnen als zu verlieren, und anfänglich machten die Bodentruppen gute Fortschritte. Am 17. Dezember lüftete sich der Wolkenvorhang ein wenig, und deutsche Schlachtflugzeuge, Bomber und Jäger flogen annähernd 300 Einsätze gegen die sich hart wehrenden alliierten Truppen. Aber allmählich versteifte sich der alliierte Widerstand, zumal Kampfeinheiten von anderen Teilen der Front in Frankreich und Belgien herbeigeschafft worden waren, um das deutsche Vordringen zu stoppen. Am 20. Dezember wurden die Panzerspitzen der Angriffskeile, die an manchen Stellen nahezu 80 km von ihren Ausgangsstellungen aus vorgedrungen waren, zum Stehen gebracht.

Am 24. Dezember lichtete sich schließlich der Nebel. Jetzt spürte die Luftwaffe das ganze Übergewicht der alliierten Stärke in der Luft. An diesem Tag wurden mehr als 11 der wichtigsten Flugplätze der Luftwaffe verwüstet und viele weitere erheblich zerstört. Als die jungen, neuausgebildeten deutschen Piloten versuchten, sich mit den erfahrenen alliierten Besatzungen in Kämpfe einzulassen, wurde der Unterschied in der Ausbildung offensichtlich. Ein RAF-Pilot drückte sich so aus: »Die guten alten deutschen Piloten waren wirklich verdammt gut, aber der Rest war nur bemitleidenswert!«

Die Luftwaffe erlitt in ihrem Widerstandskampf gegen die zahlenmäßig weit überlegenen alliierten Luftstreitkräfte schwerste Verluste. Gleichzeitig nahmen die umgruppierten amerikanischen Bodentruppen am Weihnachtstag die Offensive auf und warfen die deutschen Truppen wieder in ihre Ausgangsstellungen zurück.

Schließlich startete die Luftwaffe am Neujahrstag 1945 ihren verspäteten Versuch zur Auslöschung der alliierten Frontflugplätze. Es war das Unternehmen »Bodenplatte«. Unter dem Schutz von Strahlantriebsjägern richtete sich der Angriff von mehr als 800 kolbengetriebenen Jägern gegen 17 alliierte Flugplätze in Frankreich, Holland und Belgien. An der Spitze jeder Einsitzer-Jagdgruppe flogen 2 Nachtjäger Ju 88 als Lotsen, um die weniger erfahrenen Piloten zu ihren Zielen zu geleiten.

Der Schlag war ein voller Erfolg. Es wurden 134 alliierte Flugzeuge zerstört und weitere 62 so beschädigt, daß eine Reparatur nicht mehr lohnte. Aber es gab auch Schwierigkeiten auf deutscher Seite. Der Angriff auf Bodenziele mit einem Hochleistungsflugzeug ist eine Genauigkeitsaufgabe, ganz besonders dann, wenn das Ziel durch heftiges Abwehrfeuer verteidigt wird. Es zeigte sich, daß diese Aufgabe das Können der jungen Piloten überforderte. An manchen Zielen gab es große Verwirrung. Flugzeuge kamen sich ins Gehege, und es ereigneten sich Zusammenstöße. Insgesamt verlor die Luftwaffe bei diesem Unternehmen etwa 200 Kampfflugzeuge samt Besatzungen.

So gingen die Verbände der Luftwaffe, die mit Kolbentriebwerken ausgestattet waren, in einem letzten Glorienschein unter. Bis zum Schluß des Krieges hatten sie nur noch geringe Bedeutung für die Kampfhandlungen. Die Einsätze waren nicht durch Knappheit an Flugzeugen oder Besatzungen begrenzt, sondern die erneute anglo-amerikanische Bombenoffensive gegen Produktionswerke für synthetischen Treibstoff im Dezember erdrosselte den Nachschub an hochoktanigem Flugzeugtreibstoff, und die Ardennenoffensive hatte die Reserven aufgezehrt.

Die einzigen deutschen Flugzeuge, die weiter nach Belieben operierten, waren die Strahltriebwerksmaschinen, doch diese existierten in so geringer Anzahl, daß sie wenig mehr als einen Störwert gegen die alliierten Bodentruppen darstellten. So flogen zum Beispiel die Ar 234 des Kampfgeschwaders 76 und die Bomber Me 262 des Kampfgeschwaders 51 eine Reihe von Einzelunternehmen gegen amerikanische Truppen in den Ardennen. Die Reaktion der US Air Force war prompt und hart. Sie richtete ständige Luftpatrouillen auf 5000 bis 10000 und 15000 Fuß Flughöhe ein. Sobald sich ein Düsenflugzeug sehen ließ, stürzten sich ganze Staffeln von Jägern auf die einzelne Maschine. Doch die schnellen Düsenmaschinen waren schwierige Ziele. Die Verluste waren gering und ereigneten sich auch nur in großen Zeitabständen. Wenn der deutsche Bombenabwurf auch nur geringen Schaden anrichtete, so zogen diese »Lockvogel«-Taktiken doch eine größere Anzahl amerikanischer Jäger von Angriffen gegen deutsche Bodenziele ab.

Nur zwei Heimatverteidigungsgruppen konnten die alliierte Lufthoheit über Deutschland infrage stellen. Beide waren vollständig mit Me 262-Jägern ausgerüstet. Es waren die Dritte Gruppe des Jagdgeschwaders 7 und der Jagdverband 44. (Die Jägereinheit 44 war eine Zweckaufstellung zum Einsatz der Me 262 als Jäger.) Diese Einheiten leisteten einen wahrhaft heroischen Widerstand bis zum letzten Augenblick. Adolf Galland, seit kurzem General der Jagdflieger, war ihr Führer. Er sammelte die besten deutschen Piloten um sich. Die Me 262 erzielten in den Händen dieser Männer noch zahlreiche Siege in den Schlachten mit den alliierten Tag-Bombern. Aber sie allein konnten die Flut nicht mehr aufhalten. Deutschland war erbarmungslos in allen drei Dimensionen und an allen Fronten von einer Übermacht geschlagen. Am 4. Mai 1945 ergaben sich die deutschen Land-, See- und Luftstreitkräfte in Nordwesteuropa und kurz darauf auch an allen anderen Fronten. Der Krieg in Europa war zu Ende.

Die Deutsche Luftwaffe hat bis zum letzten Tropfen Treibstoff, bis zum letzten Flugzeug und bis zum letzten Piloten gekämpft. Am Ende gab es zwar immer noch 3500 Flugzeuge aller Typen, die auf den über das Land verstreuten Flugplätzen standen, aber sie alle jedoch hatten leere Tanks. Vom 1. September 1939 bis zum 28. Februar 1945, dem letzten Tag, über den verläßliche Zahlen vorliegen, waren 44 065 Piloten bzw. Flugzeugbesatzungen gefallen, 28 000 verwundet und 27 610 gefangen oder vermißt.

Nun wetteiferten die siegreichen Alliierten, auch die letzten Spuren der geschlagenen Luftwaffe zu vernichten. Für die Soldaten gab es die Gefangenenlager. Um die neuesten und technisch interessanten Flugzeuge bemühten sich die Versuchszentren der Siegermächte. Die weniger wohlhabenden unter den Siegermächten übernahmen viele in ihren eigenen Dienstbetrieb. Die große Mehrzahl der restlichen Flugzeuge wurde auf den Schrotthaufen geworfen. Dinge, die den Besatzungsmächten von irgendeinem Nutzen sein konnten, wurden übernommen, der Rest gesprengt oder auf andere Weise vernichtet.

Zehn Jahre nach der offiziellen Bekanntgabe, daß Deutschland eine Luftwaffe besitze, war diese deutsche Streitkraft wieder vernichtet. Zu ihrer Zeit war sie der Schrecken Europas. Sie wurde in einem langen Abnutzungskampf mit Gegnern gleichen Könnens zu Boden gezwungen.

Anhang

Gliederung der Luftwaffe

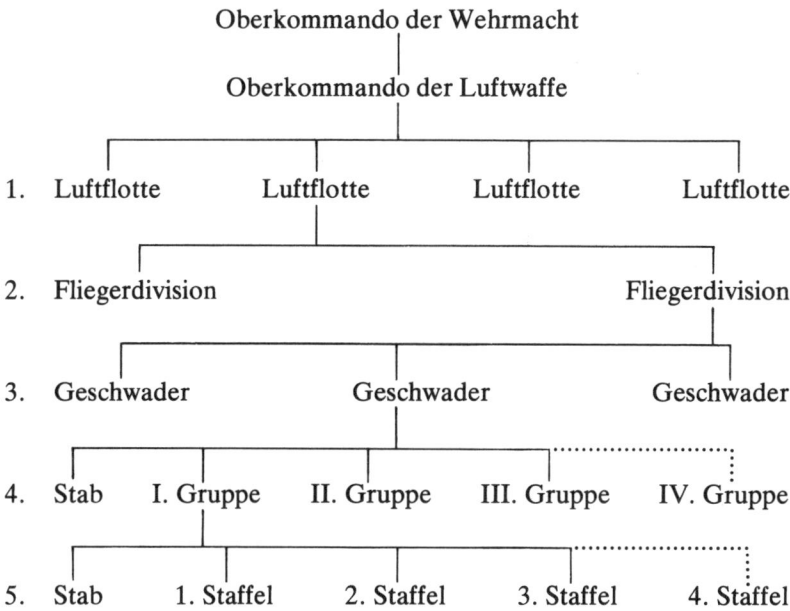

Oberkommando der Wehrmacht

Oberkommando der Luftwaffe

1. Luftflotte   Luftflotte   Luftflotte   Luftflotte

2. Fliegerdivision   Fliegerdivision

3. Geschwader   Geschwader   Geschwader

4. Stab   I. Gruppe   II. Gruppe   III. Gruppe   IV. Gruppe

5. Stab   1. Staffel   2. Staffel   3. Staffel   4. Staffel

Bemerkungen:
1. Die *Luftflotten* wurden mit 1, 2, 3, 4 und 5, später auch 6 bezeichnet.
Sie wurden für einen bestimmten geographischen Bereich zusammen-
gestellt und umfaßten alle Typen von Flugzeugverbänden. Entsprechend der jeweiligen Wichtigkeit des Bereiches konnte ihre Stärke

zwischen 200 und 1300 Flugzeugen schwanken.

2. Die *Fliegerdivision*, später umbenannt in *Fliegerkorps*, konnte innerhalb oder auch unabhängig von einer Luftflotte operieren. Auch sie hatte alle Typen von Flugzeugverbänden. Ihre Stärke konnte ebenfalls entsprechend der jeweiligen Wichtigkeit des Bereiches zwischen 200 und 750 Flugzeugen schwanken.

3. Das *Geschwader* war die größte deutsche Befehlseinheit mit fester Stärke. Üblicherweise hatte es 90 Flugzeuge in drei Gruppen und eine Stabsgruppe mit 4 Flugzeugen. Innerhalb des Geschwaders waren die Flugzeuge normalerweise in ihre bestimmten Aufgaben unterteilt. z. B. Jagdgeschwader, Nachtjagdgeschwader, Zerstörergeschwader, Kampfgeschwader, Sturzkampfgeschwader und Schlachtfliegergeschwader.

4. Eine *Gruppe* hatte üblicherweise 27 Flugzeuge in drei Staffeln und eine Stabsstaffel mit 3 Flugzeugen. Die IV. Gruppe war eine Ausbildungseinheit und meist an ein Kampfgeschwader angehängt.

5. Die *Staffel* hatte neun Flugzeuge. Üblicherweise gab es drei Staffeln in der Gruppe, gelegentlich wurde eine vierte angehängt.

Kriegsproduktion wichtiger deutscher Kampfflugzeuge nach Typen

Arado 196 (einmotoriger Seeaufklärer), 435
Arado 234 (Zweitriebwerk-Düsenbomber und Aufklärer), 214
Blohm & Voss 138 (dreimotoriges Aufklärungsflugboot), 276
Dornier 17 (zweimotoriger Bomber, Aufklärer), 506
Dornier 215 (zweimotoriger Aufklärer), 101
Dornier 217 (zweimotoriger Bomber, Aufklärer und Nachtjäger), 1730
Dornier 24 (dreimotoriges Aufklärungsflugboot), 135
Fieseler 156 (einmotoriges Verbindungsflugzeug), 2549
Focke-Wulf 190 (einmotoriger Jäger und Schlachtflieger), 20001
Focke-Wulf 200 (viermotoriger Fernaufklärer und Bomber), 263
Focke-Wulf 189 (zweimotoriger Aufklärer), 846
Heinkel 111 (zweimotoriger Bomber, später Transportflugzeug), 5656
Heinkel 115 (zweimotoriges Wasser-Torpedoflugzeug und Aufklärer), 269
Heinkel 177 (viermotoriger Fernbomber), 1146
Heinkel 219 (zweimotoriger Nachtjäger), 268
Henschel 126 (einmotoriger Aufklärer), 510
Henschel 129 (zweimotoriges Schlachtflugzeug), 841
Junkers 52 (dreimotoriges Transportflugzeug, auch Schulflugzeug), 2804
Junkers 87 (einmotoriges Sturzkampfflugzeug), 4881
Junkers 88 (zweimotoriger Bomber, Schlachtflieger, Nachtjäger und Aufklärer), 15000
Junkers 188 (zweimotoriger Bomber), 1036
Messerschmitt 109 (einmotoriger Jäger, Aufklärer), 30480
Messerschmitt 110 (Zweimotoriger Jäger, Nachtjäger, Aufklärer), 5762
Messerschmitt 210 (zweimotoriger Jäger, Jagdbomber, Aufklärer), 348
Messerschmitt 262 (Zweitriebwerk-Düsenjäger, Jagdbomber, Nachtjäger), 1294
Messerschmitt 323 (sechsmotoriges Transportflugzeug), 201
Messerschmitt 410 (zweimotoriger Bomber, Aufklärer, schwerer Jäger), 1013

Dienstgrade der Offiziere der verschiedenen Luftstreitkräfte

Luftwaffe	*Royal Air Force*	*United States Air Force*
Leutnant	Pilot Officer	Second Lieutenant
Oberleutnant	Flying Officer	Lieutenant
Hauptmann	Flight Lieutenant	Captain
Major	Squadron Leader	Major
Oberstleutnant	Wing Commander	Lieutenant Colonel
Oberst	Group Captain	Colonel
Generalmajor	Air Commodore	Brigadier General
Generalleutnant	Air Vice Marshal	Major General
General	Air Marshal	Litenant General
Generaloberst	Air Chief Marshal	General
Generalfeldmarschall	Marshal of the Royal Air Force	General of the Air Force